U0590476

极简化学史

化学家 的故事

小马车丛书编委会 编

中国地图出版社
北京

图书在版编目（CIP）数据

化学家的故事 / 小马车丛书编委会编．－－ 北京 ：
中国地图出版社，2021.7
ISBN 978-7-5204-2206-2

Ⅰ．①化… Ⅱ．①小… Ⅲ．①化学家－生平事迹－世界－青少年读物 Ⅳ．① K816.13-49

中国版本图书馆 CIP 数据核字 (2021) 第 028614 号

HUAXUEJIA DE GUSHI

化学家的故事

出版发行	中国地图出版社	邮政编码	100054
社　址	北京市西城区白纸坊西街 3 号	网　址	www.sinomaps.com
电　话	010-83494796　83543969	经　销	新华书店
印　刷	保定市铭泰达印刷有限公司	印　张	9
成品规格	170 mm×240 mm		
版　次	2021 年 7 月第 1 版	印　次	2021 年 7 月河北第 1 次印刷
定　价	28.80 元		
书　号	ISBN 978-7-5204-2206-2		

如有印装质量问题，请与我社联系调换

目　录

波义耳 …………………………………………………………………………1

拉瓦锡 …………………………………………………………………………8

道尔顿 …………………………………………………………………………14

舍勒 ……………………………………………………………………………20

卡文迪许 ………………………………………………………………………27

罗蒙诺索夫 ……………………………………………………………………35

阿伏伽德罗 ……………………………………………………………………41

贝采尼乌斯 ……………………………………………………………………47

李比希 …………………………………………………………………………52

戴维 ……………………………………………………………………………57

盖－吕萨克 ……………………………………………………………………62

瑞利 ……………………………………………………………………………68

门捷列夫 ………………………………………………………………………74

维勒 ……………………………………………………………………………83

凯库勒 …………………………………………………………………………92

多罗西 …………………………………………………………………………98

化学家的故事

玛丽·居里 ························104

达德利·赫施巴赫 ···············110

托马斯·切赫 ····················116

葛洪 ······························121

徐寿 ······························125

侯德榜 ···························130

卢嘉锡 ···························136

波义耳

化学科学的奠定者

波义耳

化学科学的奠定者

300 多年前的一天，英国化学家波义耳准备到实验室工作。一位朋友送了波义耳一篮新鲜的紫罗兰花，喜欢鲜花的波义耳将其带到了实验室，放在实验桌上。他在实验中使用浓盐酸时，不小心将浓盐酸溅到了紫罗兰花上。过了一会儿，紫罗兰花变成了红色。波义耳猜测是浓盐酸的作用。他进一步用其他已知的几种酸的稀溶液和紫罗兰花瓣进行反应，结果是紫罗兰花瓣都变为了红色。

把白醋喷洒到紫罗兰花瓣上，紫色的紫罗兰花瓣变成了红色

这次的偶然发现，激发了波义耳的探究欲。经过反复实验，他最终在石蕊苔藓中提取了一种紫色浸液。遇酸能变成红色，遇碱能变成蓝色，这就是最早的石蕊试液，一种酸碱指示剂。今天我们使用的石蕊、酚酞等试剂、试纸，就是在波义耳这一发现的基础上制成的。

波义耳对化学的贡献，不仅在于发现了指示剂，更在于提出了元素的概念，并把化学确立为科学，将化学的发展真正引领上科学的道路。

波义耳通过许多事实的论证后，给元素下了一个比较科学的定义，为人类研究物质的组成指明了方向。在此之前，人类提出的关于世界的物质组成的学说只有"四元素说"和炼金术士以及帕拉塞斯的"三元素说"。

"四元素说"指物质由四种基本元素——水、火、土、气组成。虽然今天看来，这是很荒谬的说法，但自提出"四元素说"到波义耳生活的时代的两千多年间，从没有人怀疑过它的正确性，因为当时人们的认识水平还无法证明其正确与否。"四元素说"的流行，使化学在很长的时期里处于迷途之中，但它为后世的神秘炼金术所信仰，炼金术步骤：理解、分解、再构筑，从贱金贵变为贵金属的转化还需要"种子"。

"三元素说"是随着15—16世纪欧洲医药化学的兴起而诞生的。提出"三元素说"的是瑞士人帕拉塞斯，他是一位职业医生。所谓三元素，即炼金术士所用的硫、汞和帕拉塞斯加入的新要素盐。帕拉塞斯认为，万物是由盐、硫、汞三种要素以不同的比例构成的。

面对物质本源这个问题，波义耳不太相信以上两种见解。如果物质仅由四种元素或三种元素组成的，那么炼金术士为什么没有找到点金石并用它把所有的物质都点成金子呢？波义耳认为正确的结论必须要有充

足的证据。他深受英国哲学家培根的影响，坚信"空谈无济于事，实验决定一切"，因此决定通过实验来证实。

1646年，19岁的波义耳把继承来的庄园改造成了实验室，开始了他的实验研究生涯。如果"四元素说"或"三元素说"正确的话，那么就可以用分解的方法把所有的物质都变成水、火、土、气或者同一种盐、硫和汞。当时的科学家认为，火能分解一切物质。波义耳就对硝石进行燃烧分解，他先将炭烧红，然后把烧红的炭放在硝石上，之后硝石放出一种红棕色的气体，最后剩下一些白色固体，显然这些就是硝石分解的产物。

这种白色固体不是硫或土，不是汞或水，也没有盐的咸味，那它到底是什么呢？波义耳把白色固体投入水中，结果白色固体在水中溶解了。他再把此溶液倾倒在放有滤布的漏斗中，滤布上什么也没留下来，原来白色固体在水的作用下能够透过滤布上的小孔。加热蒸发此溶液，一直到水蒸发殆尽，白色固体又如初再现。虽然波义耳没有完全搞清楚它究竟是什么物质，但实验已证明这绝不是"四元素说"或"三元素说"中的任何一种元素。波义耳就此初步认识到了元素的多样性。

除分解硝石外，波义耳还对同一种物质进行不同的实验处理以进行观察比较。他把灰碱和沙子这两种物质放在一起煅烧，使它们熔化在一起，生成了一种不能被火分解的坚硬的玻璃。而灰碱和油脂烧煮后则变成了肥皂，但将肥皂加热分解所得到的产物却是与灰碱和油脂截然不同的渣块。这说明同一物质经过不同的处理会转化为千差万别的东西。同时，也说明了物质的构成是极其复杂的，不是水、火、土、气或汞、硫、盐就能涵盖得了的，它们的性质也不是由冷、热、干、湿等几种原性所

波义耳

1627—1691 年
英国化学家

能概括的，这四种或三种物质不应被称为元素。

波义耳在总结实验事实的基础上，认识到自然界中存在着大量的元素，它们形成更复杂的物质。物质分解后，产生元素。元素是不变的，因为不能把它们分解。它们是由微粒构成的，这些微粒是永存的。波义耳举过一个例子：拿一点儿金子，放在王水里加热，可以看到过一会儿它就溶解了。如果将溶液蒸干，将会得到一种新的物质；如果在溶液里加入锌，底层就沉淀出一层金粉，这就是开始时溶解的金子。所以微粒虽然能改变自己的状态，但它是永存的，王水似乎破坏了金子开始的形态，但金子的实质——微粒是不变的。

波义耳承认物质中存在着某种本源，但他却怀疑旧观念。他根据实验所得的结果进行了大胆的设想，提出了新的观点。1661 年，在《怀疑派化学家》这本划时代的名著中，波义耳从哲学的角度第一次给元素下了一个科学的定义，即"元素就是某种不由任何其他物体构成的或是互相构成的原始的和简单的物质，或是完全没有混杂的物质，它们是一些基本成分，一切被称为真正的混合物都是由这些成分直接混合而成的，并且最后仍可分解为这些成分"。他完全驳倒了帕拉塞斯关于硫、汞和盐之本源的"三元素说"，彻底摧毁了已存在两千多年的亚里士多德的"四元素说"。尽管从现代化学观点看，波义耳定义的元素实际上是单质，但在当时他能将单质和化合物、混合物区分开来，实在是难能可贵。

虽然波义耳并没有发现任何具体的元素，但是他却为元素确定了科学的定义，并为化学的发展指明了方向。作为一名怀疑派化学家，波义耳认为，以往化学家把自己的任务看作是制造药物和转化金属是过分狭隘的。波义耳既反对把化学归结为炼金术，也不同意把化学附属于医药学，他主张把化学看作一门独立的科学。化学的任务是阐明化学过程和物质构造，为此要采用实验的方法。从此，化学既有了科学的元素理论，也有了自己的研究方法和研究任务，无须再依附于别的学科。化学寻求的不是制造贵金属和有用药物的实用技巧，而是应该从那些技艺中找出一般原理。这是化学史上第一次明确地把化学与炼金术以及其他实用工艺加以区别，化学从此真正独立。

正是由于波义耳不迷信权威，敢于向传统观念发起挑战，才有了元素概念的产生。波义耳的元素学说，促使化学家用化学方法去分解各种物质以获得不同的化学元素，从而把化学引上了正确发展的道路。波义耳的元素学说为化学科学的发展奠定了理论基础。由于他的伟大贡献，他与拉瓦锡、道尔顿均被后人尊称为"近代化学之父"，他于 1661 年发表的《怀疑派化学家》被视为近代化学的开端。

拉瓦锡

氧化学说的提出者

拉瓦锡

氧化学说的提出者

　　法国伟大的化学家拉瓦锡，被后世尊称为"近代化学之父"。他是一个出了名的"实验狂人"。拉瓦锡最为人所津津乐道的实验，源于他临终前的一次疯狂尝试。

　　由于拉瓦锡是法国贵族，对于学术的态度又非常严谨，所以得罪了不少希望借助科学扬名立万的人。当法国大革命爆发后，那些对他不满的人，开始对拉瓦锡进行污蔑，称他为"人民公敌的伪学者"。后来，曾受过拉瓦锡庇护的化学家佛克罗伊，为了法国大革命的顺利进行，试图解散拉瓦锡所在的科学院。拉瓦锡认为政治不应该干预学术，可惜当时的法国民众早已不愿再忍受波旁王朝的统治，连带着痛恨拉瓦锡这样的既得利益者。最终拉瓦锡被捕，并被判处了死刑。

　　面对即将被处死的消息，拉瓦锡本人并没有太大的反应，他早已坦然，并和自己的助手约定，用自己的死亡来做最后一个实验：头被砍下来之后是否还会短暂保有意识。据说，当刽子手砍下拉瓦锡的头颅之后，拉瓦锡不停地眨眼。刽子手仔细地记住了拉瓦锡眼睛眨动的次数——11次，这也证明了一点：人被斩首之后还会有意识残留。这就是拉瓦锡，一位

伟大的科学家，留给我们的最后一份珍贵礼物。

拉瓦锡被执行死刑的场景

　　拉瓦锡生于一个律师家庭，但他并没有成为一名律师，而是对科学燃起了巨大的兴趣，特别是化学，最终成为历史上最伟大的化学家之一。拉瓦锡最大的成就是推动了一场化学革命，这被认为是 18 世纪科学发展史上最辉煌的成就之一。在这场革命中，他以雄辩的实验事实为依据，推翻了统治化学理论界达百年之久的"燃素说"，建立了以氧化为中心的燃烧理论。

　　在拉瓦锡之前的 100 年间，化学家们用"燃素说"来解释燃烧，他们认为火是由无数细小而活泼的微粒构成的物质实体。这种火的微粒既能同其他元素结合而形成化合物，也能以游离方式存在。大量游离的火微粒聚集在一起就形成明显的火焰，它弥散于大气之中并给人以热的感觉，由这种火微粒构成的火的元素就是"燃素"。他们认为，物质燃烧的过程就是物质释放"燃素"的过程，而如果物质中没有"燃素"，则该物质就不能燃烧；物体中含燃素多，火燃烧起来就旺，而含的燃素少，火燃烧起来就弱。用"燃素说"来解释燃烧现象，很多时候不能自圆其说，如有些物质燃烧后质量减少，而有些物质燃烧后质量增加。燃烧如果是物质释放"燃素"的过程的话，上述现象显然是自相矛盾的，当时的化学家就给出"燃素有时质量是正的，有时是负的"这样荒谬的、狡辩式的解释。

对"燃素说"持怀疑态度的拉瓦锡，不接受"燃素"是物质燃烧原因的观点。1772 年 2 月，他读到了达尔塞的一篇研究报告，其中"在高温下烧得炽热的金刚石会消失得无影无踪"这一实验结果使他深受启发。那么，在没有空气的条件下，加热金刚石会怎样呢？于是他用调成糊状的石墨把金刚石厚厚地包上一层，再把这些乌黑的圆球放在烈火中烧得通红。几小时后，剥开石墨外衣，里面的金刚石竟然完好无损！拉瓦锡设想：金刚石的失踪看来与空气有关。莫非它与空气发生反应了？

为了证明自己的设想，他用白磷做了一系列实验，毫无意外，白磷燃烧之后产生的白烟比单纯暴露在空气中要重，这证明"磷和空气发生了化合反应"。而白磷在燃烧过程中，只有 1/5 的空气可以助燃，拉瓦锡把这部分空气暂时称为"有用空气"，后来被命名为氧气。

至此，"燃素说"的理论可以被推翻了，但拉瓦锡仍不肯贸然作出结论。1774 年，他又用天平在曲颈瓶中通过加热金属做了定量研究，结果仍然

拉瓦锡

1743—1794 年
法国化学家

证明了他的设想。

"如果能从金属灰中提取出纯的'有用空气'的话，那么，我的燃烧理论就无懈可击了！"按照他的这一新设想，1774 年 10 月，他在加热汞灰之后，收集到的"脱燃素空气"果然具备了他对"有用空气"所预言的性质。这时，拉瓦锡坚信：绝对没有"燃素"存在，可燃物质的燃烧或者金属变为煅灰并不是分解反应，而是与"有用空气"发生了化合反应！1777 年，他把这种"有用空气"正式命名为氧气。

一向严肃谨慎的拉瓦锡，从 1772 年到 1777 年的 5 年中，做了大量的燃烧实验，对燃烧之后产生的物质以及剩余气体加以研究，最后对实验结果进行综合、归纳和分析。直到 1777 年，他才正式向法国科学院提交了研究报告，题目是《燃烧概论》，提出了氧化学说。这一理论彻底推翻了当时占统治地位长达百年之久的"燃素说"，完全割断了化学与炼金术的联系，使得百年来在"燃素说"错误基础上被认识的化学又重新恢复了作为科学的一部分的本来面目，使化学这门科学向前发展了一大步！

道尔顿

原子理论的提出者

道尔顿

原子理论的提出者

圣诞节前夕，道尔顿买了一件礼物——一双"棕灰色"的袜子，送给他的妈妈。他的妈妈看到儿子的礼物后，觉得袜子的颜色过于鲜艳了，就问道尔顿："你买的这双樱桃红色的袜子，让我怎么穿呢？"道尔顿感到非常奇怪，袜子明明是棕灰色的，为什么自己的妈妈却说它是樱桃红色的呢？疑惑不解的道尔顿又跑去问了周围的人。结果，除了弟弟与自己的看法相同外，其他人都说袜子是樱桃红色的。道尔顿没有轻易地放过这个小问题，而是认真地分析比较起来，他发现他和弟弟的色觉与别人不同，也就是说自己和弟弟都是色盲。为此，他写了篇论文《论色盲》，成为世界上第一个提出色盲问题的人。他是第一个发现色盲症的人，也是第一个被发现的色盲症患者。后来，人们为了纪念他，又把色盲症称为道尔顿症。

道尔顿自小成长在一个贫困的家庭中，刚读完小学，就因家境困难而辍学。但是他酷爱读书，一直坚持学习。后来，他来到曼彻斯特，在一所新学院担任数学和自然哲学讲师。他从不停歇学习的脚步，担任讲师的同时，他开始系统地学习化学知识。在学习中，道尔顿有一种可贵

道尔顿

1766—1844 年
英国化学家

的韧劲儿。每当遇到较难的运算题，他总是坚持要把难题解出。虚心的求教和不倦的自学终于使道尔顿成为一位知识渊博的学者，被恩格斯誉为"近代化学之父"。

道尔顿最伟大的成就，就是提出了原子理论。

最早提出原子论的是古希腊哲学家德谟克利特，他认为物质是由许多微粒组成的，这些微粒叫原子，意思是"不可分割"。人们都接受了德谟克利特的观点，但是这个观点只是凭想象并无实验根据。近代科学巨人牛顿也是一位原子论者，他认为原子乃是一些大小不同而本质相同的微粒。

但道尔顿通过长期的气象观察和大量的气体实验，提出了他的原子理论。首先，一切物质都是由原子组成的。原子这种微小粒子不可再分，也不能自行产生或消亡。它在一切化学变化中都可保持自身的独特性质。其次，种类相同的原子，在质量和性质上完全相同；种类不同的原子，它们的质量和性质不相同。他还认为，单质是由简单原子构成的，化合物是由复杂原子构成的，而复杂原子本身是由简单原子构成的。另外，原子间化合时，呈简单的数值比。道尔顿在提出原子理论以后，还引入原子量概念。他把最轻的元素氢的原子量定为 1 个单位，从而计算出氧、氮、硫、碳等元素相应的原子量单位，并制定出了化学史上第一个原子量表，列出了 14 种元素的原子量。这是化学界原子量研究的开始。

道尔顿的原子理论较为准确地说明了化学变化的本质，同时初步指出了变化中量的问题，从而使化学知识在这一理论基础上系统化起来。原子理论中对原子的描述、原子量的计算有着开创性意义，这是第一次把纯属臆测的原子概念变成一种具有一定质量的、可以由实验来测定的物质实体。

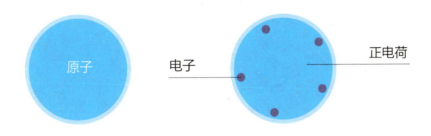

道尔顿原子模型

　　道尔顿原子理论所提出的新概念和新思想，成为化学家们解决实际问题的重要理论，很快用它清晰地解释了当时正被运用的定比定律、当量定律。原子理论使众多的化学现象得到了统一的解释，特别是原子量概念的引入，原子量是化学元素的基本特征的思想，引导着化学家们把

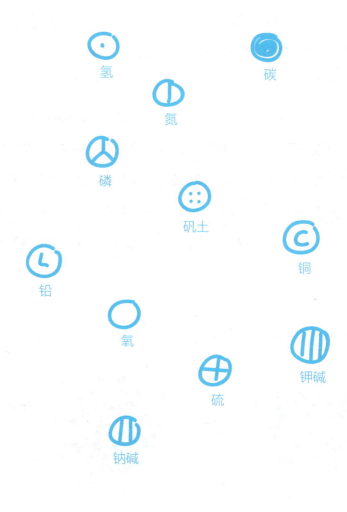

道尔顿用的化学符号

定量研究与定性研究结合起来，从而把化学研究提高到一个新的水平。

尽管用今天的眼光审视道尔顿的理论，会发现其中存在许多缺点和错误，例如：他简单地认为"复杂原子"只不过是简单原子的机械组合，武断地认为原子是不可再分的等，但在当时，他是站在化学发展顶峰的人物。道尔顿的原子理论不仅在英国化学界，甚至在整个科学界都引起了重视并得到推崇。

舍勒

氧气最早的发现者

舍勒

氧气最早的发现者

"乐，莫过于从科学发现中生出来。发现之乐，使我的心坎愉快。"这是伟大的化学家舍勒的信念，即便是他的发现被人侵占，他也没有想过放弃自己的发现之旅。他将在科学上获得新发现作为自己最大的追求和人生的乐趣。而他去世时人们给予他的悼词也验证了这一点。悼词中列出了一系列化学元素和化合物的名称：氧、氯、锰、氟、盐酸、氨、氢氟酸、砷酸、钨酸、钼酸、草酸、柠檬酸、酒石酸、没食子酸、焦性没食子酸、苹果酸、硫酸亚铁……这么多的元素和化合物，都是舍勒发现的，而他也因为这些物质名垂化学史册。

舍勒出生于瑞典。他家里很穷，13岁就到哥德堡一家药房当学徒，并利用业余时间自修化学。他聪明好学，勤奋能干，在做学徒的三年时间中自学了当地图书馆里的全部化学书籍。舍勒对化学有着浓厚的兴趣，非常喜欢动手做实验。他经常试制各种新药，一连几个小时、十几个小时甚至几十个小时待在实验室里，捣碎、蒸发、过滤各种矿物和药品，有时忙得连吃饭和睡觉都忘了。

在舍勒所处的那个时代，由于冶金、化学、制药工业的发展，人们十分重视对燃烧反应的研究。舍勒也加入到这一研究的行列中去，他常常一边实验一边思索着有关燃烧的种种问题。

舍勒发现，如果给燃烧着的蜡烛罩上一个玻璃钟罩，那它燃烧一小会儿就要熄灭了。如果把罩内的空气全部抽掉，蜡烛就会立刻熄灭。反过来，如果仿照铁匠使用风箱的方法，向火焰里送进大量的空气，火焰就会烧得更明亮、更强烈。

由此可以推断，燃烧的物体需要空气。那么为什么需要空气呢？为了弄清楚这个问题，舍勒就把各种不同的化学物质依次放在密闭的容器里，然后使其燃烧。

舍勒

1742—1786 年
瑞典化学家

一天夜里，舍勒待在药店的实验室里继续着白天的研究工作。他把一块白磷扔进空烧瓶，塞上瓶塞，然后把烧瓶送到一支燃烧着的蜡烛跟前去，瓶里的磷立刻熔化，然后磷开始燃烧起来，发出明亮的火光，并且出现浓烟。不久，火光熄灭，浓烟消散，瓶壁上出现了白色粉末。烧瓶刚冷却，舍勒立刻将瓶颈朝下没入一盆水中，然后拔去瓶塞。他想证实一下瓶子里的空气是不是全部烧完了。这时候发生了一件奇事：水填满烧瓶体积的 1/5 以后，水面就不再上升了。舍勒对此感到很奇怪。他又重做了几遍实验，结果还是一样，这就说明容器内的空气会在燃烧中烧掉 1/5。

其他物质燃烧时，是不是也会发生这种有趣现象？舍勒决定在密闭容器中燃烧另一种易燃物质——金属溶解在酸中时产生的那种易燃的气体，即现在我们所说的氢气。舍勒把一些铁屑塞进一个小瓶里，然后往铁屑上浇了些稀硫酸溶液，并把这个瓶子沉没到玻璃槽的水中。瓶里的铁屑已经开始吱吱作响，稀硫酸也开始沸腾，一串串气泡冒出来。然后通过舍勒事先制作的一个特殊装置，就可以通过一根玻璃管把生成的气体引出水面。

舍勒把一支燃着的蜡烛拿到长玻璃管上端附近时，冲出管子的气体立刻着火。这时候，再把一个烧瓶罩在气体火焰上，烧瓶的瓶口浸入水面以下，隔绝了外部的空气，这就相当于设计了一个气体在密闭空间里燃烧的实验。在科学水平还相当落后的那个时代，大部分实验方法和技术都是依靠科学家认真思考、周密策划才创造出来的。

烧瓶刚一罩到火焰上，玻璃槽里的水就立刻自下而上往瓶里涌。上面的气体燃烧着，下面的水就不断地向上升。当火焰熄灭之后，涌入烧

瓶的水也只占烧瓶体积的 1/5。此时铁屑还在吱吱地响，稀硫酸还在沸腾。

为什么用掉瓶子里 1/5 的空气以后，气体就不能燃烧了？剩下的 4/5 也是空气，为什么不能用呢？舍勒日夜思索：难道瓶里剩下的空气和那些在燃烧中消失的空气是不一样的吗？

舍勒决定进行几种新实验。他专门用燃烧剩下的那部分空气做了一连串的实验，发现蜡烛、木柴等可燃物质都不能在其中燃烧。老鼠被关到充满了这种空气的罐里，立刻窒息而死。它的确和"烧掉"的那部分空气不同。

舍勒认真分析了所得的各种实验结果，提出了一个创造性的新结论：围绕在我们周围的空气不是单一的，而是由两种成分组成。一种能帮助燃烧，舍勒把它叫做"火焰空气"；另一种不能帮助燃烧，就叫做"无用空气"。并且，"火焰空气"只占全部空气体积的 1/5。这是人类首次对空气的成分进行划分，对于气体化学的发展具有重大的意义。

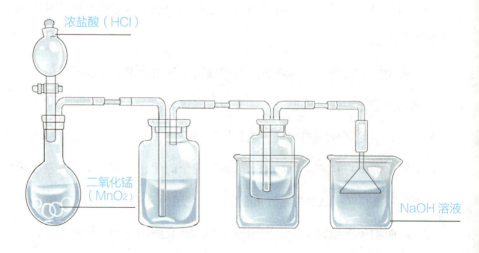

实验室制取氯气装置图

舍勒所说的"火焰空气"，就是现在我们所说的氧气。经过一系列实验，舍勒又找到了制取并收集氧气的方法——硝石分解制氧气。这种制氧思路来自他日常的细心观察：在坩埚里熔化硝石的时候，烟炱的细末飞过坩埚上空时，就会突然着火。舍勒联想到既然从硝石里冒出的气体能够支持燃烧，那么这种气体是否有可能就是空气里的"火焰空气"？舍勒马上动手实验进行验证，事实果真如此。

在燃素充斥的世界里，舍勒虽然发现了氧气，但他把燃烧仍解释为空气中的"火焰空气"与可燃物中的"燃素"结合的过程。所以，关于燃烧的新理论与舍勒擦肩而过。这实在是因为舍勒受"燃素说"的影响太深，未能摆脱旧观念，以致没能往前再进一步。

舍勒除了发现氧，还发现了氯和锰两种元素。他也是氮、氢、氯化氢和氨的发现者，只是在发表的时间上比别人稍晚一些。此后又发现了重土，发现了氰化氢、氟化氢、砷化氢、硫化氢、亚硝酸、砷酸、钼酸、钨酸等，还发现了草酸、酒石酸、苹果酸、柠檬酸、没食子酸、乳酸和尿酸等有机酸类，以及乳糖和乙醛等。此外，他还在确定物质的成分、发现和改进制备方法等方面有建树，其成果数量之多也达到了惊人的程度。

舍勒把研究和探索视为生命，对待研究工作的态度极为认真。他有着永无止境的追求真理的愿望，他对于任何疑问，都要得到在可能范围内的实验证明。

舍勒在工作

卡文迪许

第一个"称量"地球的人

卡文迪许

第一个"称量"地球的人

  把一个质量大的铁球和一个质量小的铁球分别放在扭秤的两端。扭秤中间用一根韧性很好的钢丝系在支架上，钢丝上有面小镜子。用一道平行光照射镜子，光点反射到一个很远的地方，标记下此时光点所在的

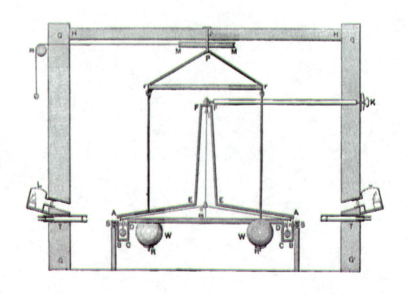

扭秤实验图解

位置。然后，用两个质量一样的铁球同时分别吸引扭秤上的两个铁球。由于万有引力作用，扭秤会微微偏转，但光源所反射的远点却移动了较长的距离。利用测定的扭秤偏转的距离，就能计算出万有引力公式中的常数 G。

这是物理学上经典的实验之一，这个实验的设计者是英国科学家卡文迪许。虽然卡文迪许在物理上作出了卓越的贡献，但我们却不能将其简单定义为物理学家，因为他在化学领域的成果同样瞩目。

卡文迪许出生在英国一个贵族家庭，后来又继承了大量的遗产，成为英国的巨富之一。尽管家资万贯，他的生活却非常俭朴，为人也孤僻、腼腆。因为这种性格，卡文迪许长期深居独处，整天埋头在他科学研究的小天地中。虽然他在社交生活中沉默寡言，但是在科学研究中，他思路开阔，兴趣广泛，显得异常活跃。上至天文气象，下至地质采矿、抽象的数学、具体的冶金工艺，他都进行过探究。特别在化学和物理学的研究中，他有着极高的造诣，取得了许多重要的成果。

1766 年，卡文迪许发表了他的第一篇论文——《论人工空气》。这篇论文主要介绍了他对固定空气（即二氧化碳，在化学命名法提出之前，人们是这样称呼二氧化碳的）、易燃空气（即氢气）的实验研究。

早在 1754 年，英国化学家布莱克就发现了固定空气，但是当时人们只知道加热石灰石可以获得它、人呼出的空气中含有它、木炭燃烧也产生它，至于怎样收集它，它的物理和化学性质如何则并不了解。卡文迪许做了建设性的工作：他考察了收集反应气体的排水集气法，发现固定空气能溶解于水，室温下的水可吸收固定空气的体积比水本身的体积

还要大一点儿，水冷时可以吸收得更多。若将水煮沸，溶解于水中的固定空气则会溢出。酒精吸收固定空气的本领更大，约是其本身体积的2.25倍。此外某些碱溶液也能溶解固定空气，因此收集固定空气不能采用排水集气法，而应在不吸收固定空气的水银面上进行。他的这一介绍对于当时科学家研究气体是很有启发的。

卡文迪许测得固定空气比普通空气重1.57倍，测出了酸从石灰石、大理石、珍珠灰等物质中排出固定空气的重量，计算出这些物质中固定空气的含量。他还发现在普通空气中，若固定空气的含量占到总体积的1/9，燃烧的蜡烛在其中就会熄灭。这些实验研究使人们对二氧化碳的性质有了更多的了解。

在此之前，许多人都曾制取过氢气，但是并没有认真研究过它。卡文迪许利用稀硫酸或稀盐酸与金属锌或铁反应获得氢气，发现它点火即燃，不溶于水和碱，比普通空气轻11倍，与已知的其他气体都不一样，从而断定它是一种新的气体。他还发现，一定量的金属与稀硫酸反应所放出的氢气的多少，与酸的种类、浓度无关，随金属不同而不同。

卡文迪许当时信奉"燃素说"，曾认为氢气就是燃素。恰好当时的许多"燃素说"的推崇者都猜测燃素具有负重量，而充满氢气的气球徐徐升空，曾使他们受到鼓舞，一直以来的猜测似乎有了证明。然而细心的卡文迪许在弄清了空气的浮力原理后，以精确的实验测出氢气确有重量，从而否定了燃素具有负重量的观点。尽管他是相信"燃素说"的，但是他更尊重科学实验的事实。

从1771年起，卡文迪许全神贯注在电学的实验研究上，这是他的一个系统、持久的研究课题。直到1781年普利斯特列在一项卡文迪许

卡文迪许

1731—1810 年

英国化学家

曾探索过的研究题目上有了新的发现，才把卡文迪许重新拉回到气体的研究中。

1781 年，普利斯特列宣称他做了一个"毫无头绪"的实验：他将卡文迪许发现的氢气和自己发现的脱燃素空气（即氧气）混合在一闭口瓶中，然后用电火花爆燃，发现瓶中有露珠生成。他怀疑自己的实验结果，也无法解释自己的实验。当普利斯特列将这一情况告诉卡文迪许后，引起了卡文迪许的兴趣。在征得普利斯特列的许可后，卡文迪许得以继续这一实验。由于他设计的实验较精确，很快得出了结论。在他 1784 年发表的论文《关于空气的实验》中指出：氢气和普通空气混合进行爆燃，几乎全部氢气和 1/5 的普通空气凝结成露珠，这露珠就是水。他又采用氧气代替普通空气进行多次实验，同样获得了水。他还证明氢气和

氧气相互化合的体积比为 2.02:1，由此他确认了水是由氢气和氧气化合而成的。

在上述实验中，卡文迪许遇到了两个意外的问题。他发现爆燃氢气与氧气的混合气体后，有时所产生的水有点儿酸味，用碱中和，再将水蒸发能得到少量的硝石。氧气越多，生成的酸也就越多；若氢气过量，则没有生成酸。这是为什么？为此他继续做了一系列实验，终于解决了这个疑难问题。

在 1785 年发表的论文中，他指出水之所以有酸味是因为水中含有硝酸或亚硝酸，它们的生成则由于氧气中混有氮气，在电火花爆燃的高温中，氧气和氮气会化合。而氢气与普通空气混合爆燃时，由于大量氮气的存在，反应温度不够高，从而无法生成硝酸。这一精细的实验为人们提供了一种利用空气制取硝酸的方法。

卡文迪许还发现，爆燃反应后的硝酸或亚硝酸用钾碱溶液中和，过量的氧气用硫化钾溶液吸收掉后，试管里仍剩下一个很小的气泡，这气泡的体积约是氮气总体积的 1/120。这部分气体的性质与氮气不一样，根本不参加化学反应。它究竟是什么呢？卡文迪许没法讲清。但是他为后人提出了一个研究课题，直到 100 年以后，英国化学家瑞利和拉姆塞才证实，这部分气体是惰性气体。

卡文迪许于 1767 年发表的论文引起关注，这篇文章介绍了他关于水和固定空气的实验：将一个深水井的井水煮沸，发现有固定空气逸出，同时产生白色沉淀。他认为白色沉淀和固定空气原先都是溶于水的，它们可能是溶于水中的石灰质土。为了证明这一设想，卡文迪许在清澈的石灰水中通入固定空气，随即产生乳白色沉淀，继续通入固定空气后，

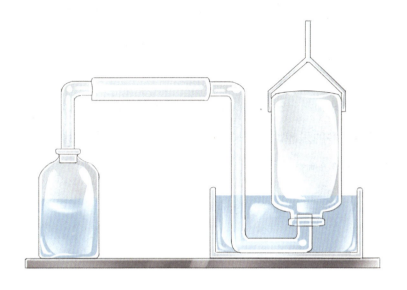

卡文迪许取氢实验装置图

乳白色沉淀又溶解了，溶液再次变得清澈。这时他将这溶液煮沸，溶液立刻就像井水那样释放出固定空气并产生白色沉淀。

卡文迪许的这一实验和他的解释使人们理解了一个常见的自然现象。在石灰岩遍布的地区，含有二氧化碳的雨水或泉水流经石灰岩地层，会慢慢地溶解部分石灰石形成重碳酸盐溶液。这些溶液在石灰岩中缓慢下滴时，可能因温度变化或水汽蒸发，二氧化碳气体逸出，碳酸钙结晶析出，日积月累，逐渐形成了石钟、石乳、石笋等奇特的景象。喀斯特地貌构造因此有了科学的解释。

卡文迪许自 1766 年发表第一篇论文开始，就引起社会的重视，此后他又陆续发表了一些关于化学、物理学的富有成果的报告，逐渐引起英国乃至欧洲科学界的震惊，当时有人质疑他的结论，为此英国皇家学

会曾组织了一个委员会，重复卡文迪许的实验，结果完全证实了卡文迪许卓越的实验技巧和他对科学的诚实态度。卡文迪许是位了不起的科学家，赢得了科学界的尊敬。

卡文迪许虽然一生独居，但是科学研究所开辟的新天地给他的生活提供了特别多的乐趣。由于卡文迪许在化学领域的杰出贡献，后人称他为"化学中的牛顿"。

罗蒙诺索夫

"质量守恒定律"雏形的提出者

罗蒙诺索夫

"质量守恒定律"雏形的提出者

　　莫斯科罗蒙诺索夫国立大学，简称莫斯科大学，是俄罗斯联邦规模最大、历史最悠久的综合性高等院校，是全俄的学术中心，同时是世界著名的高等学府之一。这所学校成立于1755年，是当时在位的女沙皇彼得罗芙娜下令建立的。它的第一届校长就是俄国著名的科学家、教育家罗蒙诺索夫，而且这所学校就是他倡议并创办的。

莫斯科大学

罗蒙诺索夫，俄国百科全书式的学者，他在科学、语言学、哲学等方面都有着很深的造诣，被誉为"俄国科学史上的彼得大帝"。他带给化学界最大的成果就是提出了"质量守恒定律"的雏形。

18世纪40年代，随着化学实践的深入，"燃素说"的缺陷日益暴露。面对金属煅烧重量增加这个铁的事实，"燃素说"的支持者甚至臆造出燃素有"负重量"这种反科学的解释。在罗蒙诺索夫眼里，这样的见解就像铅做的气球一样不切合实际。一心追求真理的他尊重权威，却并不迷信权威，他决定要借助实验找到新的理论依据。

罗蒙诺索夫首先想到的是一百年前波义耳的金属燃烧实验。众所周知，波义耳在密闭的玻璃容器中煅烧金属时，得到了金属灰，称量后发现，金属灰的质量总是比煅烧前的金属重。波义耳认为，金属灰重量之所以增加是因为有一种"热素"在燃烧时从火焰转入金属里的缘故。

事实到底怎样？空想无济于事，实验决定一切。

罗蒙诺索夫相信，要彻底弄清这个问题，必须把波义耳的实验重做一遍。

1748年的一天，罗蒙诺索夫正在他那简陋的实验室里准备实验仪器：酒精灯、玻璃瓶、天平……正在这时一阵风吹来，风卷着泥沙飞进了实验室，天平上、玻璃瓶上都蒙上了一层泥土，还有几粒沙子竟调皮地跑到他的眼里，他抬起手揉着眼中的沙子。突然，一个念头涌上心头，让他茅塞顿开。为什么波义耳在加热后打开容器？在当时那种情况下，会不会有沙子或别的东西落入容器？或者有什么东西从容器中逸出而改变它的重量？考虑到这一点后，他决定将一切观察和测量都在密闭容器

中进行，但密闭的容器中是有空气的。

罗蒙诺索夫将准备好的铅屑装入一个特制的玻璃容器中，然后拉起风箱，把火吹旺，使玻璃容器的颈部熔化。当玻璃熔化变软时，立即用钳子夹紧，把容器口封死。这时，罗蒙诺索夫完全相信，容器中既没有落进任何东西，也没有逸出任何东西。罗蒙诺索夫小心地把容器放在桌子上，待其冷却后称出其重量，然后把它放在一个大型加热炉上加热。这时罗蒙诺索夫的工作就是拉风箱，在那个设备简陋的年代，他只能这样做。开始，他把风箱拉得很慢，后来便逐渐加快速度，随着气流的加大，容器壁发红了，铅屑也开始熔化了，亮闪闪的铅溶液表面镀上了一层灰黄色，冷却后，就得到了铅金属灰。

"热素"是否真的进入了容器？让我们看看罗蒙诺索夫是怎么想的。他想：如果它进入了容器，那么，容器的重量就应该增加。于是，他将容器冷却后，放在天平上称量。奇怪的是，天平告诉他，容器的重量和煅烧前一样，并没有发生变化！

罗蒙诺索夫迷惑不已，现在金属灰的情况如何呢？应该把它的重量与金属的重量进行比较才行！于是，他又重做了一次实验，只是这次在焊封容器之前他先称出了金属的重量。煅烧后，他打开玻璃容器，称量所有的铅金属灰，结果铅金属灰果然比原来的铅金属重！

罗蒙诺索夫再次陷入沉思，如果金属灰重量增加是热素从火焰转入金属的话，为什么未开瓶时称得的重量相同呢？这无可辩驳的事实的确让罗蒙诺索夫有点儿头痛，他一次次地实验，后来又将金属铅换成铁、锌、铜。无论怎样，只要不打开玻璃容器，煅烧前后整个容器的重量都不会有丝毫改变。但是打开后金属灰的重量为什么会增加呢？增加的重量是

罗蒙诺索夫

1711—1765 年
俄国化学家

从哪里来的呢？既然容器是与外界隔绝的，很显然它只能来自容器内部，而容器内部有什么呢？毫无疑问，仅仅有空气！罗蒙诺索夫在实验室里踱来踱去。突然，他紧皱的眉头舒展开了，脸上也有了笑容，自言自语道："忙了这么多天，原来'罪魁祸首'就是空气！是容器内的空气在作怪！一定是金属与空气中的微粒化合了，才使它重量增加。"罗蒙诺索夫眼前一亮，顿时，又一个念头跃入他脑海中，这是不是说金属灰增重了多少，容器中的空气就应该减少多少呢？他又做了一些化学实验进行观察测量，发现果真如此。这就意味着在煅烧过程中，不管各种物质质量如何改变，

其总量始终不变！

罗蒙诺索夫还注意到各种物理、生物现象似乎也遵循这个规律。例如我们吃掉一个苹果，篮子里的苹果数一定少了，但它又以另外一种形式进入人体。篮子里苹果减少多少，人体就获得多少。因此，从整个自然界来看，它的总量始终不会改变。

科学常在人们意想不到的地方开花结果，罗蒙诺索夫对这个意外的发现感到欣喜若狂。

1748年，罗蒙诺索夫的化学实验室已经落成，一种强烈的幸福感使他给彼得堡科学院院士欧拉写了一封信，告诉他这一伟大发现。就在这封信中，罗蒙诺索夫第一次表述了他的思想："自然界所发生的一切变化，都是这样的：一种物质失去多少，另一种物质就获得多少。我在梦中消耗了多少小时，那么我必定失眠了多少小时，如此等等。"

罗蒙诺索夫的这一观点标志着科学上的进步，标志着一个新时代的开端。然而，由于这一观点缺乏严格的实验依据，它一出世就无声无息，一直被冷落了近30年，才再次登上历史舞台。那时已经是1777年了，把它推上舞台的是法国化学家拉瓦锡。

阿伏伽德罗

分子概念的提出者

阿伏伽德罗

分子概念的提出者

著名数学家高斯断言，科学规律只存在于数学之中，而化学则不属于精密科学之列。阿伏伽德罗则持另一种看法，他认为数学确是一切自然科学之王，但如果没有其他自然科学，数学就会失去自己的真正价值。对于这一点，高斯生气地说："对数学来说，化学充其量只能起一个女仆的作用。"受辱的阿伏伽德罗是这样回敬的，他在高斯面前把2升的氢气放在1升的氧气中燃烧，结果获得2升水蒸气。他得意地喊道："请看吧！只要化学愿意，它就能使2+1=2，而你的数学能做到这一点吗？"

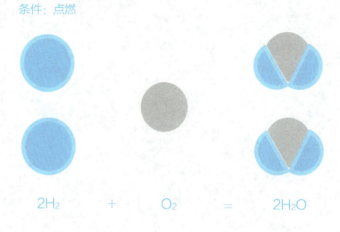

条件：点燃

$$2H_2 \quad + \quad O_2 \quad = \quad 2H_2O$$

氢气与氧气燃烧获得水蒸气

这位坚信着化学的力量的学者——阿伏伽德罗，就是分子概念及原子、分子区别等重要化学问题的提出者。这些理论的提出在科学史上占据了非常重要的地位。

在英国化学家道尔顿正式发表科学原子论的第二年，法国化学家盖－吕萨克在研究各种气体在化学反应中体积变化的关系时发现，参加同一反应的各种气体，在同温同压下，其体积成简单的整数比。这就是著名的气体化合体积实验定律，被称为盖－吕萨克定律。盖－吕萨克认为这一假说是对道尔顿原子论的支持和发展，并为此而高兴。

没料到，当道尔顿得知盖－吕萨克的这一假说后，立即公开表示反对。因为道尔顿在研究原子论的过程中，也曾作过这一假设，而后被他自己否定了。但盖－吕萨克认为自己的实验是精确的，不能接受道尔顿的指责，于是双方展开了学术争论。他们两人都是当时欧洲颇有名气的化学家，对他们之间的争论其他化学家没敢轻易表态，就连当时已很有威望的瑞典化学家贝采尼乌斯也在私下表示，看不出他们争论的是与非。

就在这时，阿伏伽德罗对这场争论产生了浓厚的兴趣。他仔细地考察了盖－吕萨克和道尔顿的气体实验和他们的争执，发现了矛盾的焦点。1811年他写了一篇题为《原子相对质量的测定方法及原子进入化合物的数目比例的确定》的论文，在文中他首先声明自己的观点来源于盖－吕萨克的气体实验事实，接着他明确地提出了分子的概念，将单质或化合物在游离状态下能独立存在的最小质点称作分子，单质分子由多个原子组成，他修正了盖－吕萨克的假说，提出："在同温同压下，相同体积的不同气体具有相同数目的分子。""原子"改为"分子"的一字之改，正是阿伏伽德罗假说的奇妙之处。由此可见，对科学概念的理解必须一丝不苟。

阿伏伽德罗

1776—1856 年
意大利化学家

阿伏伽德罗认为：

1. 所有原子是参加化学反应的最小质点，而分子是游离状态下单质和化合物的最小质点。

2. 分子是由原子组成的。

3. 单质的分子是由相同元素的原子组成，化合物的分子则由不同元素的原子组成。

在论文的最后，阿伏伽德罗写道："总之，读完这篇文章，我们就会注意到，我们的结果和道尔顿的结果之间有很多相同点，道尔顿仅仅被一些不全面的看法所束缚。这证明我们的假说就是道尔顿体系，只不过我们所做的，是从它与盖－吕萨克所确定的一般事实之间的联系出发，补充了一些精确的方法而已。"

以上是 1811 年阿伏伽德罗提出分子概念的主要内容和基本观点。

现在，大家都认识到分子论和原子论是个有机联系的整体，它们都是关于物质结构理论的基本内容。然而在阿伏伽德罗提出分子论后的 50 年里，人们的认识却不是这样的。原子这一概念及其理论被多数化学家所接受，并被广泛地运用到实际来推动化学的发展，然而关于分子的概念却遭到冷遇。阿伏伽德罗继续发表了第二篇和第三篇论文来阐明他的理论观点，他感慨地写道："在物理学家和化学家深入地研究原子论和分子概念之后，正如我所预言，它将要成为整个化学的基础和使化学这门科学日益完善的源泉。"遗憾的是，直到他 1856 年逝世，分子概念仍然没有被大多数化学家所承认。

阿伏伽德罗常数 $\approx 6.02 \times 10^{23}$

　　直至在 1860 年 9 月召开的卡尔斯鲁厄国际化学会议上，来自世界各国的 140 名化学家就"分子"和"原子"的概念及化学中的相关问题，进行了激烈的争论，但仍没达成一致。这时意大利化学家康尼查罗散发了他所写的小册子，希望大家重视阿伏伽德罗的学说。他回顾了 50 年来化学发展的历程，成功的经验、失败的教训都在充分证实阿伏伽德罗的分子概念是正确的。论据充分且方法严谨，化学家们经过冷静的研究和思考，终于承认阿伏伽德罗的分子概念的确是扭转这一混乱局面的唯一钥匙。阿伏伽德罗的分子概念终于被确认，阿伏伽德罗的伟大贡献终于被认可。虽然他已与世长辞，但他对科学的贡献将永留史册。

贝采尼乌斯

化学符号系统的构建者

贝采尼乌斯

化学符号系统的构建者

在瑞典首都斯德哥尔摩西北约 60 千米的地方有一个法龙镇，这里是历史悠久的矿区，许多硫酸工厂从这里获取黄铁矿的原料。1817 年，一家硫酸工厂的主人发现，用这里的黄铁矿制取硫酸时，总会在铅室的底部凝结有红色粉末状物质。如果改用别处的黄铁矿作为原料，在铅室底部就没有这种现象发生。化学家贝采尼乌斯预见到这里面一定有在科学上值得探索的内容。于是，他立即放下手里的其他研究工作而转入分析此"红色粉末状物质"。他首先燃烧了 250 千克法龙镇出产的黄铁矿，得到了一定数量的硫磺，其中所沉淀的红色粉末状物质，只有 3 克左右。他把燃烧后的灰烬收集起来，用吹管加热。这时候，一股腐败蔬菜的臭味直冲而来，贝采尼乌斯被呛得头痛起来。他马上打开了实验室的窗户，苦苦地在自己脑海中搜寻着。接着，贝采尼乌斯把铅室底部沉淀的红色粉末状物质全部取出来进行反复实验。经过多次认真分析、比较后，他认定这发出臭味的物质是一种从未被人们认识的新元素。他参照碲（原意为地球）的命名，给这个元素取名为硒，即月亮的意思。

单质硒的两种同素异形体，分别呈灰色和红色

"在讨论科学问题时既不应该是敌人，也不应是朋友。如果你起来反对你认为是错误的东西，那你就不要考虑持这种错误观点的人是谁。人们的意见并不针对这些人本身。"说出如此发人深省言论的正是瑞典著名的化学家贝采尼乌斯。贝采尼乌斯是 19 世纪上半叶最有威信的化学家之一，是 1820—1840 年约 20 年间世界化学界的泰山北斗。

贝采尼乌斯对化学的贡献是非常突出的，主要体现在以下两个方面：

1. 测定原子量和制定元素符号，在化学的各个领域应用和发展道尔顿的原子论。1810—1830 年，贝采尼乌斯分析了约 2000 种的单质和化合物，为计算原子量提供了丰富的科学实验根据；他用氧做标准（即把氧的原子量作为基准，定为 100）测定了当时已知 49 种元素中 45 种元素的原子量，并先后发现硒（1818 年）、硅（1823 年）、钍（1825年）等元素以及许多新的矿物。

贝采尼乌斯是最早用字母（每种元素的拉丁文名称的开头字母）做

贝采尼乌斯

1779—1848 年
瑞典化学家

元素符号的人，他用元素符号来表示化合物的化学式，并规定每个化学元素符号在化学式中只代表该元素的一个原子。

2. 提出电化二元论。1803 年，贝采尼乌斯和希辛格合作，进行盐类的电解实验。他们发现溶液中的盐被电流分解成碱（向负极去，好像带正电荷）及酸（向正极去，好像带负电荷）。据此，他把碱和酸的概念同电的极性联系起来，即认为碱和酸分别是电正性物质和电负性物质。他又把这种认识推广到元素上面，指出氧及其他非金属元素呈电负性，氢和钾等金属呈电正性；而电性相反的元素容易形成化合物。贝采尼乌斯这种把各元素原子之间相互作用归结为相反电性吸引的假说，叫做"电化二元论"。该理论对酸、碱、盐等无机化合物的形成和性质作出了在当时较合理的解释。

贝采尼乌斯还研究过钒及钼的化合物、氰亚铁酸盐、氮的氧化物、硼及硅的卤素化合物、二硫化碳和多种有机化合物。1806 年，他开始用"有机化学"这个名称，以区别于无机化学。1827—1830 年，在总结雷酸和氰酸、两种锡酸和两种酒石酸（酒石酸和外消旋酒石酸）等实例的基础上，指出"同分异构"现象的存在。

贝采尼乌斯是现代化学命名体系的建立者，也是一位伟大的化学教育家，他将所有的知识成就写进教科书里，为青年学者们铺就前进的坦途。他伟大的科学事迹，也是后辈化学工作者的楷模。

李比希

有机化学之父

李比希

有机化学之父

　　"轰！"震耳欲聋的一声巨响，从原本宁静的教室里传了出来。只见老师和学生们惊慌地逃出教室，跑到走廊。一个被惊呆了的学生，结结巴巴地说："李——李比希，搞的小炸弹，爆——爆炸了！""什么？"老师大吼："又是李比希。哼！"说完，他气冲冲地去找校长。校长听了老师的报告，又找来李比希问："李比希，你想炸掉学校吗？""不！"李比希分辩道，"我是搞化学试验，不知怎么搞的，放在课桌里，竟突然炸了！"果然是李比希干的，校长气得脸色发青，当即宣布开除李比希。

　　李比希出生在德国一个经营药物、染料及化学试剂的商人家庭里，从小就和化学药剂结下了不解之缘。由于家庭环境的熏陶，他从小就爱摆弄那些试剂、烧杯。这种兴趣爱好，为他奠定了学习化学的基础。

　　1824 年，在研究盐湖中植物的时候，将一种黑角菜燃烧成灰，然后用浸泡的方法得到一种灰黑色的浸取液。他往浸取液中加入氯水和淀粉，溶液即分为两层。上层呈显的棕黄色是以前没有见过的。经过仔细地分析思考，巴拉尔认为这是一种与氯、碘相似的新元素，他将这种新元素命名为溴。

53

李比希读后深感后悔，因为他在几年前也做过与巴拉尔相似的实验，看到过类似的现象。不同的是，他没有认真研究，只作凭空断定，这褐色液体不过是氯化碘，贴上一张"氯化碘"标签了事，从而失去了发现这一新元素的机会。后来他把那张标签取下来挂在床头作为警示。在那以后，他在科学研究中变得更为严肃认真，在化学领域中取得了许多成果。

李比希高中毕业后先到波恩大学学习，大学毕业后进入埃尔兰根大学并于 1822 年取得博士学位。同年到了巴黎，不久就在盖－吕萨克的实验室工作。

1824 年，李比希完成了一系列雷酸化合物的研究，此时维勒正在研究氰化物。他们分别写的文章同时在盖－吕萨克主编的杂志上发表，盖－

李比希

1803—1873 年

德国化学家

吕萨克指出这两类不同的化合物具有相同的分子式。这是化学家首次发现不同化合物具有同样的分子式,从此诞生了"同分异构体"这个名词。同时,李比希也以此为契机与维勒成为终生不渝的密友。从这一年开始他来到一个叫吉森的小城的大学里教书,同时开始以极大的热情投入了有机化学这个新领域的研究,开创了有机化学这一化学的重要分支,被称作"有机化学之父"。

当时有机物的分析技术还相当落后,李比希改进并完善了由盖 - 吕萨克和泰纳尔提出的有机物燃烧分析法,他的有机分析方法根据产生的二氧化碳和水的量能够精确地确定碳和氢的含量。后来杜马发明了测定有机氮的好方法,这样就形成了完整的有机分析体系。利用自己发明的有机分析方法,李比希做了大量的有机化合物的准确分析,定出大批化合物的化学式,发现了同分异构现象。他在有机化学上的重要贡献还有:1829 年发现并分析马尿酸;1831 年发现并制得氯仿和氯醛;1832 年与维勒共同发现安息香基并提出基团理论,为有机结构理论的发展作出贡献。吉森这个小地方也成为当时世界的化学中心,对 19 世纪德国成为化学强国起着重要作用。

19 世纪中叶,德国北部多是沙地,一般人认为那里根本不能种植作物,所以大片的土地长期荒芜着。1850 年,这里来了一个人,把一把把的盐(其实是配好的各种肥料,主要是盐类)撒进沙土地,并种上作物。当地很多人们认为"沙里掺盐种庄稼,简直骗人",并把这个人看作疯子。但一年后,沙地上竟长满了美丽的芜菁、大麦、黑麦和马铃薯。这个由"疯子"变成"神仙"的人就是李比希。

在研究有机化学的同时,李比希还在农业化学方面,倾注了大量心

血，作出了重要贡献。他正确地指出了土地肥力丧失的主要原因，即植物消耗了土壤里的生命所必需的矿物成分，诸如钠、钙、磷等。他还是第一个主张用化肥代替天然肥料进行施肥的人。后来他又证明氮元素不能由植物直接从空气中吸收，所以在自己的肥料配料表中加入了氮元素，从而使农业生产发生了巨大的飞跃。正是因为其在肥料化学上的突出贡献，所以李比希还被称作"肥料化学之父"。

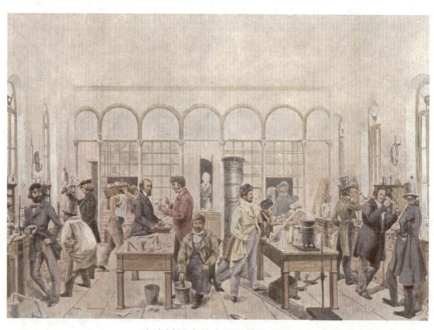

李比希设立的专用教学实验室

戴维

发现元素最多的人

戴维

发现元素最多的人

1799年的一天，一个青年制取了一氧化二氮（又名"笑气"）。之前有人认为一氧化二氮是一种有毒气体，而帕多斯认为它能治疗瘫痪病，它究竟是什么呢？这个青年决心亲自试验一下。许多朋友都劝他，认为这样做太危险。勇于探索的青年并没有畏缩，他立即投入实验，事后在记录上写道："我是知道进行这实验是很危险的，但从性质来推测可能不至于危及生命……当吸入少量这种气体后，我觉得头晕目眩，如痴如醉，再吸四肢有舒适之感，慢慢的筋肉都无力了，脑中外界的形象在消失，而出现各种新奇的东西，一会儿人就像发了狂那样又叫又跳……"醒来后，他觉得很难受。通过亲身的体会，他知道这种气体显然不能过量地吸入体内，但可少量地用在外科手术中作麻醉剂。随后他将这个试验的过程和亲身的感受及"笑气"的性质写成小册子。许多人读到这本小册子后，为他的介绍所吸引，并以吸入"笑气"为时髦。

这个青年就是戴维，此时他年仅22岁。

1799年意大利物理学家伏打发明了将化学能转化为电能的电池，使

戴维

1778—1829 年
英国化学家

人类第一次获得了可供使用的持续电流。之后，许多科学家纷纷用电做各种实验。

在英国皇家科普协会繁忙的工作中，戴维开始研究各种物质的电解作用。首先他很快地熟悉了伏打电池的构造和性能，并组装了一个特别大的电池用于实验。在 1807 年英国皇家学院的学术报告会上，戴维发现了钾并在讲座上公开演示其发现过程：将一块纯净的苛性钾先露置于空气中数分钟，然后放在一特制的白金盘上，盘上连接电池的负极。电池正极连接一根白金丝，与苛性钾相接触。通电后，能看到苛性钾慢慢熔解，随后看到正极与苛性钾相连的部位沸腾不止，有许多气泡产生，负极连接处，只见有形似小球、带金属光泽、非常像水银的物质产生。

戴维在实验室工作

这种小球的一部分一经生成就燃烧起来，并伴有爆鸣声和紫色火焰，剩下来的另一部分的表面慢慢变得暗淡无光，随后被白色的薄膜所包裹。经过检验，这种小球状的物质就是戴维所要寻找的物质。

通过实验，这种物质投入水中，不会下沉，而是在水面上急速奔跃，并发出咝咝响声，随后就有紫色火花出现。这些奇异的现象使戴维断定这是一种新元素，它比水轻，并使水分解而释放出氢气，紫色火焰就是氢气在燃烧。因为它是从苛性钾中提取的，故命名为钾。

对苛性钾电解成功，使戴维对电解这种方法更有信心，紧接着他采用同样的方法电解了苏打，获得了另一种新的金属元素，命名为钠。后来，他又用类似的方法制得了钡、镁、钙、锶等碱土金属以及硼等，从而开创了电解法制取金属的新途径，这使他成为发现元素最多的化学家。

盖－吕萨克

气体化合体积定律的提出者

盖－吕萨克

气体化合体积定律的提出者

两位化学家正在进行一场激烈的学术争论。

"既然我们谁也说服不了谁，那就让实验事实说话吧。"贝托莱对普鲁斯特说。

"应该如此。"普鲁斯特回答。

贝托莱回到他的实验室，看见他的助手盖－吕萨克正疲倦地坐在椅子上。

"怎么样，我让你实验的结果出来了吗？"贝托莱亲切地问。

"出来了。"盖－吕萨克抖擞精神站了起来。

"拿给我看。"

"但是，老师……"盖－吕萨克犹豫了一下，还是说道，"是您错了。"

"哦？"贝托莱皱起了眉头，接过实验报告，看了起来，脸上显出深深的失望。

但是，对于科学家来说，真理比自尊心更可贵，贝托莱看完盖－吕萨克反复实验作出的报告后，脸上露出了微笑，他站起来，用手拍拍这位助手的肩膀，说道："我为您感到自豪，像您这样有才能的人，没有

理由让您当助手，哪怕是给最伟大的科学家当助手。您的眼睛能发现真理，能洞察人们所不知的奥秘，而这一点却不是每一个人都能做到的。您应该独立地进行工作，从今天起，您可以进行您认为必要的任何实验。如果您愿意的话，请留在我的实验室里工作吧，如果有一天，我能自称是像您这样的研究家的导师的话，将十分高兴。祝您幸福，盖－吕萨克。"

贝托莱走了，他连自己的失败也忘了，因为他非常高兴地看到世界上又出现了一位伟大的化学家，法国将为有这样一位骄子而自豪！

1804 年 8 月 2 日，天气晴朗而炎热，万里无云，没有一丝微风。人们往巨大的气球里填充着氢气，用树脂浸过的密织绸布在阳光下闪闪

盖－吕萨克

1778—1850 年
法国化学家

发光。

为了研究大气现象和地磁现象的有关问题，盖－吕萨克和他的好友——另一位科学家比奥决定要升到高空去采集样品了。

气球逐渐膨胀起来，几个小时后，气球离开了地面，平稳地上升。

盖－吕萨克和比奥坐在圆形吊篮里。"一路平安！"贝托莱教授高声地为他们送行。

"祝你们成功！"另一位教授布里松也跟着大声喊。但很快，他的声音被聚集在一起的教授、科学工作者和大学生们的欢呼声淹没了。

送行的人群渐渐散去。"咱们开始工作吧。"比奥说道。

"我正在观察磁针的偏差。"

"我们升起多高了？"

"距海平面5800米。"

"我觉得耳朵很疼，头晕。"

高空反应使比奥的状况越来越不好，最后，他们勉强采集了一些空气样品，不得不着陆了。

这两位勇敢的科学家升空的消息引起了强烈的反响，到处都有人在谈论着这两位航行家。当人们对第一次气球飞行的谈论还没有平息时，盖－吕萨克就已决定再次进行升空实验了。

一个半月以后，盖－吕萨克单独进行了第二次升空探索。为了减轻负荷，提高升空高度，他尽量轻装。当气球升至7016米时，他毅然把坐着的椅子等随身物件扔了下去，使气球继续上升。

盖－吕萨克创造了当时世界上乘气球升空的最高纪录。两次采集的空气样品证明，在高空领域，地磁强度是恒定不变的，空气的成分也基

本相同，只有氧气的含量随着高度升高而减少。

　　通过大量的气体实验，盖－吕萨克观察到：一体积的氧和一体积的氮，经化合得到了两体积的一氧化氮。进一步研究许多不同气体间的化学反应，使他注意到，在所有"参加反应的气体体积"和"反应后生成的气体体积"之间，总是存在着简单的比例关系。于是他用自己的名字给这个重要的基本化学定律命名为：盖－吕萨克气体化合体积定律。

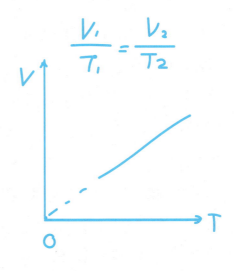

盖－吕萨克定律公式

　　1811 年，法国人库特瓦在从海草灰里制取钾盐的过程中，发现了一种未知的物质，库特瓦成功地分离出这种物质，并把它交给化学家克莱曼和德索尔母进行研究，但这两位化学家没有发表任何研究成果，就把这种新物质转交给了英国化学家戴维。

　　盖－吕萨克得知这个消息后，非常着急，他对克莱曼说："你们太轻率了，法国人可以研究出这种新物质，可你们把它交给了一个英国人，而戴维将会发现这个新元素，为他的祖国争得荣誉。"

为了给自己的祖国争光，盖－吕萨克决心要和戴维比试一下。他从库特瓦那里取回了偶然留下的一点新物质，开始了夜以继日的研究。几天以后，盖－吕萨克成功地得到了这种纯净的元素——一些小小的鳞片般的东西，像金属一样闪闪发亮，加热时它们很快便蒸发，沉甸甸的深紫色的蒸气充满了烧瓶。"我们把这种元素叫做碘吧。"盖－吕萨克自豪地看着这些紫色的精灵，碘在希腊文中的意思是紫罗兰。不久，戴维的研究报告也发表了，他们的竞争促进了科学的发展。盖－吕萨克也实现了为国争光的宏愿。

在盖－吕萨克生活的时代，炼金术的教条还对化学有着巨大影响，他以勇敢无畏的科学精神，奋力探索，使人们摆脱了许多错误看法，推动了化学的进一步发展。盖－吕萨克不仅发现了气体化合体积定律，还发明了碱金属钾、钠等的新制备方法，继而发现了硼、碘等新元素，在化学上取得了巨大成就。

瑞利

惰性气体的发现者

瑞利

惰性气体的发现者

　　瑞利男爵，本名约翰·威廉·斯特拉特，因继承了他祖父和父亲的爵位，他在 32 岁的时候，就根据英国的世袭制度，称瑞利男爵三世。因为瑞利声望比较高，所以又特意称他为勋爵，科学界不称他为斯特拉特，而称瑞利。　瑞利严格来说是一位物理学家，但他却为化学的发展作出了重要的贡献，因为他发现了第一个惰性气体——氩，此举极大地推动了元素周期表的完善。他也因此获得了第四届诺贝尔物理学奖。之所以获得的是物理学奖，是因为他是在对一些重要气体的密度的测定中发现了氩（对氢气、氧气、氮气等气体密度的测量，并因测量氮气而发现氩）。

瑞利

1842—1919 年
英国化学家

1882 年，为了发展原子分子理论，瑞利开始陆续测定各种气体的密度。这位英国剑桥大学的教授，一向一丝不苟、严谨求实。在测定氮气密度时，他总是通过不同的渠道获得氮气，并对其密度反复测量、比较，以得到最精确的数值。

自从舍勒和拉瓦锡得出空气中约有 1/5 的氧和 4/5 的氮的结论以来，人们对此深信不疑。据此推测，只要将空气中的氧和经常夹杂在空气中的二氧化碳和水蒸气除掉，自然就会得到纯氮。于是，瑞利把空气通过装有灼热铜屑的试管，除去氧气，然后又通过一只只"化学搜捕器"除去二氧化碳和水蒸气，将所得的纯氮放在数值精确到万分之一的精密天平上称量。在 0℃、1 个大气压下，测得氮气密度为 1.2572g/dm³。按照老习惯，瑞利决定再从氨气里取得氮。奇怪的是，得到的氮气在相同条件下称量，1 升氮气却重 1.2505g/dm³。

0.0067 克的差额是怎么来的？科学容不得半点马虎，一个优秀的科研工作者，什么时候也要对自己的工作多做一番检查。瑞利更是如此，他仔细检查了玻璃管、导管、天平……所有的实验装置都没有毛病。

也许是实验方法不当，导致从氨气中制得的氮，含有微量氢，或是有若干氮分子分解？于是，瑞利又改用其他物质来制取氮，亚硝酸胺、"笑气"，甚至是尿素，他都用过，结果天平指针依然指向 1.2572g/dm³。

那么，肯定是因为由空气制得的氮，含有微量的氧或类似臭氧的 N_3 分子而造成的误差！瑞利自信地设想。可是，当他换用别的"化学搜捕器"，从空气中取氮时，"空气"中的氮重量却没有丝毫改变，仍然是每升 1.2572 克！

两年以后，把氦气从太阳搬到地球上的英国化学家拉姆塞对瑞利说："我现在明白了，'空气'中的氮中一定有一种较重的杂质，一种未知气体……"

对此，瑞利半信半疑。关于空气成分分析，工人做过，大学生做过，科学家也做过，数千次实验都表明空气中只有氧气、氮气以及少量二氧化碳和水蒸气，会有什么新气体呢？化学家杜瓦尔为瑞利雪中送炭，他说："记得从前有个叫卡文迪许的人，也认为空气中的氮气不是单质。"

瑞利一听，心中大喜。他立刻去找了已经发黄的 1785 年皇家协会科学年报。果然，卡文迪许在 1785 年做过一个实验：让电火花通过一根装满空气的玻璃管，结果空气中的浊气（即氮）和可燃性气体（即氧）

就在电的作用下化合，生成一种红棕色气体，将气体用苛性钠溶液吸收，可到最后无论怎样放电，总有一个极小的"氮"气泡，顽固地留在玻璃管里。于是，卡文迪许写道"空气中的浊气不是单一的物质，还混有一种不与氧化合的'浊气'，体积不超过全部空气的 1/120……"

"啊！原来是这样！"瑞利十分激动，他无心再读下去了，飞跑回实验室，重新做起了 109 年前卡文迪许的实验。结果，他很快就得到了那个顽固的小气泡。

拉姆塞也不甘示弱，他用另一种方法捕捉到了"小气泡"。他利用一系列"化学搜捕器"将空气中的氧气、二氧化碳和水除掉，接着，他让"空气中的氮"通过装有灼热镁屑的"化学搜捕器"，因为氮气能与镁发生反应，所以，开始时气体只要通过"化学搜捕器"，体积就会缩小。但最后总有一些气泡，对"化学搜捕器"熟视无睹。气泡里藏着什么气体呢？

瑞利和拉姆塞想到了"判官"——分光镜，一根玻璃管焊上了两个电极，里面充满了这种气体。通电后，气体发出了美丽的红色和绿色谱线，这是已知的元素所没有的谱线，看来又要有一种新的气体元素问世了。他们又做了一些实验，原来这种无色、无味的新气体，面对强酸、强碱物质的袭击，依然雷打不动；它不卑不亢，总是在氮气的保护下不露丝毫锋芒，因此人们给这个"懒汉"取名为"Argon"，是"不活泼"的意思，中文译名为氩。后来瑞利和拉姆塞精诚合作，发现了氦、氖、氪、氙等整个一族的惰性气体元素。

正如英国著名物理学家汤姆生所说："许多科学上的重大发现，几乎都来自精确的量度，来自对许多数字的总结和明察秋毫的能力，而明察秋毫的能力则来自长期的孜孜不倦的研究。"元素氩的发现生动地体现了这一点。

瑞利和拉姆塞发现了氦、氖、氩、氪、氙等整个一族的惰性气体元素

门捷列夫

化学元素周期表的编制者

门捷列夫

化学元素周期表的编制者

1907 年的一天，俄国的街道上出现了一支非常奇怪的送葬队伍。几万人的送葬队伍在街上缓慢地移动着，在队伍的最前面，既没有花圈，也没有遗像，而是由十几个青年学生扛着一块大木牌，上面画着好多方格，方格里写着"C""O""Fe""Zn""P""S"等元素符号。

原来，这是为迄今为止俄罗斯民族出现的最伟大的化学家门捷列夫举行的葬礼。木牌上画着的那张有好多方格的表，是化学元素周期表。这是门捷列夫对科学的最主要的贡献。

化学家在元素世界里，有了门捷列夫的周期律和周期表作参考，就可以更准确地研究各种元素，如同人们有了精确的地图，可以周游地球的每个角落，不必再担心迷路一样。

1661 年波义耳给元素下了一个科学的定义，拉瓦锡主张人们用分析方法研究物质以认识元素的本质，在此以后，化学元素相继被发现。18 世纪上半叶，已知元素只有 15 种，到 19 世纪中叶，已达到 60 多种。

当时，在化学家的头脑里，装满了各种元素的性质、制取它们的手

门捷列夫

1834—1907 年
俄国化学家

段以及测定它们的原子量的方法等。但这些事实都是孤立琐碎地堆积在一起，没有一点儿系统性，新的事实无法预见，实验的结果也难以确定是否正确。总之，呈现在化学家面前的就是一个庞大的迷宫。

难道组成化学世界的这些元素，当真是漫无秩序，完全偶然地凑在一起的吗？长期以来，化学家一直在探索这个问题，试图寻找到元素间所存在的规律。

1865 年，英国化学家纽兰兹把当时已知的元素按原子量大小的顺序进行排列，发现无论从哪一个元素算起，每到第八个元素就和第一个元素的性质相近。这很像音乐上的八音阶循环，因此，他干脆把元素的这种周期性叫做"八音律"，并据此画出了标示元素关系的"八音律"表。

之后的几十年内，德国化学家德贝莱纳提出了"三元素组"的分类法，法国矿物学教授陈库图瓦发表了名叫"碲的螺旋图"的元素分类图，德国化学家迈尔依照原子量递增顺序把彼此相关的六个元素组联合排成"六元素表"……元素间的规律逐步呈现在人们的眼前，化学家们已经认识到了元素之间是有联系的，化学界的先锋在研究元素的道路上正一步一步向真理迈近。

1865 年，门捷列夫在彼得堡大学教授无机化学。为了教好这门课程，他开始勤勤恳恳地编写无机化学教科书——《化学原理》。在编写此书的过程中，他掌握了一大堆有关化学元素性质的资料，他几乎对当时已知的 63 种元素中的每一种的相关信息都知道得很详细。他熟知每一种元素单质的颜色、密度、沸点、熔点、结晶体的形状等，还了解这些元素组成的化合物具有怎样的性质和用途。

可是，这些知识怎样传授给学生呢？难道就这样零零散散地呈现给学生，让学生死记硬背下来吗？门捷列夫思考着：能不能在这片混乱无序的化学天地里寻找出一种秩序来，使讲课更具有逻辑性。因为有了德贝莱纳、迈尔等化学家的铺垫工作，并且原子量又有着特殊性，它不同于物质的颜色、密度等其他性质，无论在什么条件下，无论什么时候都不改变，是元素的"身份证"，所以门捷列夫经过一段时间的摸索之后，最终决定还是从原子量入手来寻求元素间的内在联系。

Reihen	Gruppe I. R²O	Gruppe II. RO	Gruppe III. R²O³	Gruppe IV. RH⁴ RO²	Gruppe V. RH³ R²O⁵	Gruppe VI. RH² RO³	Gruppe VII. RH R²O⁷	Gruppe VIII. RO⁴
1	H = 1							
2	Li = 7	Be = 9,4	B = 11	C = 12	N = 14	O = 16	F = 19	
3	Na = 23	Mg = 24	Al = 27,3	Si = 28	P = 31	S = 32	Cl = 35,5	
4	K = 39	Ca = 40	- = 44	Ti = 48	V = 51	Cr = 52	Mn = 55	Fe = 56, Co=59 Ni=59, Cu=63
5	(Cu = 63)	Zn = 65	- = 68	- = 72	As = 75	Se = 78	Br = 80	
6	Rb = 85	Sr = 87	?Yt = 88	Zr = 90	Nb = 94	Mo = 96	- = 100	Ru=104, Rh=104 Pd=106, Ag=108
7	Ag = 108	Cd = 112	In = 113	Sn = 118	Sb = 122	Te = 125	J = 127	
8	Cs = 133	Ba = 137	?Di = 138	?Ce = 140				. . . .
9	(-)							
10	-	-	?Er = 178	?La = 180	Ta = 182	W = 184		Os=195, Ir=197, Pt=198, Au=199
11	(Au = 199)	Hg = 200	Tl = 204	Pb = 207	Bi = 208			
12				Th = 231		U = 240		

门捷列夫的早期元素周期表

这些知识实在太零碎了，门捷列夫用了几年的时间也没有理出头绪。

1868 年的冬天，在一次玩纸牌的过程中，门捷列夫深受启发，忽然想到能否把已知的 63 种元素制成纸牌来"玩一玩"。他用厚纸做成 63 张方形卡片，在每一张卡片上写上一种元素的名称、符号、原子量和主要性质。这样就得到了一副与众不同的"扑克牌"。于是，他就"玩"起这副特殊的扑克牌来，摆起了元素的"牌阵"。

他把这些卡片摆放在一个宽大的实验桌上，为了将各张卡片间的关系看清楚，门捷列夫还特意做了一张一米多高的木凳。就这样，他把自己关在实验室里，天天坐在高凳上对着这些卡片冥思苦想。

1869 年春天的一个夜里，门捷列夫仍在实验室里摆弄着这些"纸牌"。这次，他不再将元素分类，而是在实验桌上将元素按原子量大小一字排开。然后他爬上那只高凳，在煤气灯的"咝咝"声陪伴下，端详起这 63 张卡片排成的颇为壮观的"队伍"。突然，他的眼睛一亮，在这支"队伍"中有几处都是每隔 7 个元素就出现一个与这个元素性质十分相似的元素。例如，钾与比它的原子量小的钠的性质十分相似，而在钾之后的元素铷和铯也出现了类似的情况，它们都和钠、钾的性质相似。在这一现象的引导下，门捷列夫又去观察其他的元素，经过进一步分析和综合，终于提出了化学中的一个重要规律：元素的性质是按原子量的大小在做周期性的重复。这就是著名的元素周期律的最初表述。

元素周期律揭示了各种元素之间的内在联系，它表明，化学元素并不是彼此隔离、彼此孤立的，而是一个有着密切联系的统一体，它们互相关联、互相制约。从此元素世界从无序变为有序，门捷列夫的发现终于把人们带出了化学的迷宫。

为了更清楚地表示出元素之间的这种规律性，门捷列夫按照此规律给元素排队，终于在 1869 年 2 月编制出了第一张元素周期表。他把已发现的 63 种元素都列入其中，初步实现了元素系统化的展示。

由于当时测得的镍和钴的原子量都是 59，所以只好把这两个元素放在一个位置上。这样，63 种元素只占据了 62 个位置。在这张周期表中共有 66 个位置，尚有 4 个空位只有原子量而没有元素名称。门捷列夫预言，必有这种原子量的未知元素存在。他还对金、铋、碲和钍 4 种元素的原子量表示怀疑。

至此，元素的混乱状态终于结束了。

门捷列夫的天才不仅仅表现在他找到了"元素的性质随着它们的原子量而周期性地改变"这一规律，更突出地表现在他科学地预言了一些新元素的存在和它们的性质。他想：既然元素是一个一个被发现的，那么就应该给尚未被发现的元素保留着位置。门捷列夫没有让元素周期表

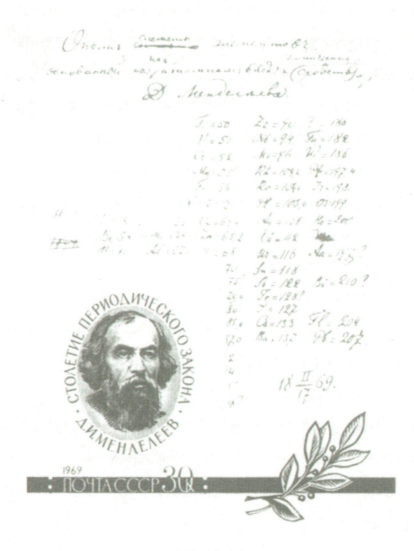

上的空格成为完全的空白点，他往里面填进了自己臆造的新元素。1870年，门捷列夫大胆地设想在锌和砷之间，应该还有两个元素，他给它们定名为"类铝""类硅"。他又设想这些谁也不知道的元素的单质所具有的性质，甚至说明了它们的形状、原子量以及它们同其他元素化合而成的化合物。如此这般，他共设想了"类硼"等 11 个元素的存在。

门捷列夫的发现并未得到一呼百应的赞赏和接受，引来的反而是人们的冷嘲热讽，甚至他所尊敬的权威沃斯克列先斯基和齐宁也训斥他"不务正业"。他的设想同样受到相当大的怀疑，被认为是典型的俄国神秘主义的论调。在许多化学家看来，门捷列夫的所作所为简直是一种狂妄的行为。

但是门捷列夫并不气馁，怀着揭示真理的坚定信念，他不顾名家与同行的反对和指责，仍潜心完善着自己的元素周期表。只有事实能够证明真理，说服反对派。

1875 年，法国矿物学家布瓦博德朗从闪锌矿中发现了一种新元素，并将其命名为镓。从化学性质来看，镓很像已知元素铝。当这一消息从巴黎传到彼得堡的时候，门捷列夫欣喜若狂，他断定，这种新元素就是他在 5 年前设想的"类铝"。

当门捷列夫发现布瓦博德朗发表的镓的比重与他所预言的不符时，他写信给布瓦博德朗，指出：镓的密度不应该是 $4.7g/cm^3$，而应该是 $5.9{\sim}6.0g/cm^3$。当时布瓦博德朗认为只有他本人才拥有金属镓，因此门捷列夫的信使他感到很奇怪。于是他半信半疑，重新测定镓的密度。这时全世界的科学家都注意着他们俩人，因为这太不可思议了：一位科学家坐在彼得堡的书房里作着设想，另一位则在巴黎摆弄他的烧瓶和烧杯，借着准确的测量和实验，证实着那位科学家所作的设想。

布瓦博德朗的实验结果确定镓的密度果然是 $5.94g/cm^3$，这就毋庸置疑地证明了门捷列夫的设想是正确的，同时也验证了元素周期律的科

学性。

这是元素周期律的第一次伟大胜利。化学史家说，镓的发现，是门捷列夫的元素周期律体系的就任仪式。

4年之后，门捷列夫设想的"类硼"被瑞典化学家尼尔森发现，命名为钪。1886年德国化学家文克勒发现的锗就是门捷列夫设想的"类硅"。门捷列夫设想的11种元素中的其他元素后来也都被相继发现。

门捷列夫发表了世界上第一份元素周期表，写成《化学原理》一书。最先用周期规律的观点系统地阐明了无机化学的基本原理。这本名著被国际化学界公认为标准著作，影响了一代又一代人。

维勒

人工合成尿素的人

维勒

人工合成尿素的人

一天，在德国一位医生的家中，一位父亲严厉地对自己的儿子说："老师今天说你不用功。即使你不喜欢数学，也应当学会它，你让我在全城人面前丢脸。你爸爸不仅在这儿是位受人尊敬的医生，在法兰克福也是，就是在别的地方，也同样受人尊敬，而你却是我们家的一个懒蛋。"小男孩委屈地看着父亲，皱起了小眉头，反驳道："我哪一点懒呢？我读了很多书，又做了许多事情。""尽干些没用的事！"父亲提高了嗓门，"我要你好好地学好功课！把你那本化学书拿来。"小男孩觉得父亲这次不是开玩笑，他犹豫了一下，才不情愿地拿出了那本《实验化学》。书已经被翻破了。这位父亲把它卷起来说："到暑假，如果你的功课每门都学得很好，我就还给你。"这对小男孩来说，再没有比这更严厉的惩罚了。自从他从父亲的房里找到了这本旧化学课本，他就再也放不下这本书了，他的房间变成了实验室，哪怕是完成一个最简单的实验，也会使他感到心满意足：他点燃一块硫磺，毫不在意产生的气体是多么令人窒息，他兴高采烈地看着那蓝紫色的火焰，多么神奇呀！可是，他最珍贵的那本化学实验书，被父亲拿走了。

小男孩眼泪汪汪地坐在椅子上。他不开心地噘起了嘴，想到：不管怎样，我也要忠于自己所喜爱的化学！突然间，他跳了起来，飞快地从房间里跑出去。他沿着街跑到了河对岸的一座房子前。"我想见一下布赫医生，行吗？"他对看门人说。"请进吧。"小男孩的父亲和布赫医生是好朋友，但小男孩这是第一次到他家来。

他知道，布赫医生知识渊博，并且有丰富的藏书。可是他从来也没有想到，布赫医生竟会有这么多的书！在医生宽敞的办公室里，沿墙摆着的书架高达天花板，走廊里也摆满了书柜。小男孩一边打量着这些丰富而宝贵的图书，一边赞叹不已。"怎么，喜欢吗？"主人看着孩子问道。布赫医生是个四五十岁的中年人，但头发已有些发白，向后梳拢，露出高高的前额，充满智慧的双眼，显得安详而又和善。"这么多的书呀！"小男孩高兴地说道："我正是为此到您这儿来的，布赫医生，您这儿有化学方面的书吗？我想看看。""只是看看吗？"布赫医生笑着问。他早就听他的朋友说过，这个孩子总想做一些实验。"好吧，孩子，我给你找一些书吧。"他指着一个书架，"这里放的全是化学方面的书，凡是你喜欢的就挑出来吧。"

小男孩简直不敢相信自己的眼睛，好像在面前的不是布赫医生，而是阿里巴巴和他的无尽宝藏。父亲搜走了他一本书，他却得到了一个宝库的书。

这个故事中沉迷于化学的小男孩就是维勒，德国著名的化学家。维勒一生发表过化学论文270多篇，获得世界各国给予的荣誉纪念达317种，是一位非常勤勉的化学家。

在 18 世纪末到 19 世纪初，学术界流传着一种"生命力学说"，这种学说认为，动植物有机体内存在着一种"生命力"，有机物就是由这种"生命力"产生的，也就是说，有机物质只能在动植物体内产生，在实验室里人们只能合成无机物而不能合成有机物，更不能用无机物合成有机物。就这样，一道"不可逾越的鸿沟"横在无机物和有机物之间，使二者形同陌路，从不互相来往。即使如此，人们要想制得雨鞋，仍然要靠橡胶树内的"生命力"产生橡胶，如果你说可以利用简单无机物在化工厂里人工合成出橡胶雨鞋，毋庸置疑，任何人都会认为你在做梦，充其量这只能算作一个笑话。

"生命力学说"是世界著名的化学大师，瑞典化学家贝采尼乌斯提出的观点。他在科学界的权威性使"生命力学说"有着数不清的信奉者。没想到，首先对它提出挑战的竟然是贝采尼乌斯的得意门生，年轻的德国化学家维勒。

1820 年，20 岁的维勒在马尔堡医科大学学习时，就钟情于对硫氰酸银和硫氰酸汞的研究，他把自己的宿舍变成了不折不扣的化学实验室，生活在烧瓶和烧杯之间，甚至彻夜不眠。一天晚上，他躺在床上，脑子里满是白天制得的白色硫氰酸汞沉淀，越想越多，越想越兴奋，他怎么也睡不着，维勒点起了蜡烛，继续白天的实验。他把硫氰酸汞粉末放在瓦片上加热，不一会儿，伴随着噼啪的响声，粉末的颜色由白变黄，而且体积明显地膨胀起来。后来，他便在他的第一篇科学论文中描述了这个壮观景象，把它发表在有名的《吉尔伯特年鉴》上，为他的化学生涯揭开了崭新的一页。

1822 年秋天，维勒有幸在著名化学家葛梅林实验室里工作，他又开始着手研究氰酸和氰酸盐。先进的仪器设备和大量的药品，增加了维勒的研究激情，使他成功地制得了氰酸的银盐和钾盐。他在化学方面的非凡造诣深受生理学家蒂德曼青睐，在蒂德曼教授建议下，维勒开始研究有机体在尿中排泄的各种物质。经过大量实验，维勒从尿液中分离出了纯净的尿素，并发现了该物质的一些重要性质，从而为他挑战"生命力学说"埋下了伏笔。

1823年9月，维勒通过毕业考试，获得了医学博士学位。然而，热衷于化学的维勒经过一番思想斗争后，毅然决定献身化学事业。在葛梅林的推荐下，他成为瑞典卓越的化学家贝采尼乌斯实验室里的一员。在这里，维勒学会了许多分析和制取各种元素的新方法。与此同时，他继续研究氰酸和氰酸盐的性质。

维勒

1800—1882年
德国化学家

1824 年 9 月，维勒回到了家乡法兰克福，他的房间会是什么样子，我们可想而知，又是一个不折不扣的实验室！烧杯、试管、酒精灯……有条不紊。在这里，他又"重操旧业"——继续研究氰酸和氰酸盐。正是在这间简陋的家庭实验室里，他的实验有了成果，从而名扬天下。

这一天，维勒一心想制得氰酸铵以便研究它的性质，他采取了最传统的方法，就是将氨水和氰酸溶液在大瓷盘子里混合，然后将混合液加热蒸发使氰酸铵结晶析出。维勒把混合液放在水浴锅上，不时搅拌着，溶液蒸发得很慢，直到傍晚，维勒发现液体表面出现一层薄薄的硬皮，看来溶液的浓度已经相当大了，他取下盘子把溶液放在靠窗的地方冷却了一夜。第二天一觉醒来，他发现盘子里有好多白色透明的晶体。维勒惊喜万分，氰酸铵就这样得到了，他小心地把它分离出来，准备进军下一个目标——分析氰酸铵的性质。

然而，维勒把"氰酸铵"的水溶液与苛性钾溶液一起加热，却始终不见有氨气放出。将它与酸进行无数次反应，同样没有丝毫氰酸产生。奇怪的现象让维勒迷惑不已，难道在实验过程中出现了问题？他认真检查着实验的各个环节，又一遍一遍地重复实验，却依然得到了同样失败的结果。他产生了一个空前大胆的想法：莫非白色晶体并不是氰酸铵？遗憾的是，由于实验条件的限制，他无法做近一步的探索，不过奇怪的"白色晶体"却让他一直念念不忘。

不久，维勒接受了柏林工艺学校的聘请，这里待遇不高，但有一个设备齐全的实验室，这对他来说已经足够了。他没课的时候就泡在实验室里，如鱼得水的维勒继续研究 4 年前制得的那个奇怪的"氰酸铵"晶体，在这里他得到了最出色的实验成果。那是 1828 年，他用当时最先进的分析方法证明了奇怪的"氰酸铵"晶体，原来是尿素！

尿素是人和动物新陈代谢的产物，是地地道道的有机物。以前，它只能由像人和动物的肾脏这样的有机物合成。而现在，维勒在实验室里，用无机物制得了尿素，这个意外的结果，维勒自己都不敢相信。在奇特的实验现象面前，他决定再次听取实验的声音。他又用氨水处理氰酸铅溶液，在分离掉氢氧化铅后，同样得到一种白色晶体，"铁面无私"的分析结果再次"报告"了尿素的存在。

维勒欣喜若狂，"既然能在实验室里合成尿素，那就一定能合成出别的有机物，根本不需要什么'生命力'存在！"他思索着。

维勒按捺不住心中的喜悦，1828年2月23日，他写信给他的老师贝采尼乌斯："我必须告诉阁下，我已经能够制造出尿素，而且是不求助于人或狗的肾脏，那么可不可以把尿素的人工合成看作人工制造有机物的先例呢？"

从极力主张"生命力学说"的贝采尼乌斯那里得到的回答是"照此下去，能不能在实验室里制造出一个小孩来？"

像很多新生事物一样，人工合成尿素的前途是光明的，然而前进的道路却是曲折的。1828年，维勒在《物理学和化学年鉴》上发表的论文《论尿素的人工合成》招致了许多人的强烈反对。"生命力学说"还继续支配着最卓越的化学家的头脑，甚至有人强词夺理道："维勒合成的尿素是高等有机体生理活动所形成的一种分解产物，它并不是直接存在于有机体内的有机物。"

当然，维勒的发现给了"生命力学说"前所未有的冲击，这一点是无可厚非的。他对"生命力学说"的挑战激励着化学家们去积极探索有

机自然界内的奥秘。

1845 年，化学家柯尔贝用木炭、硫磺、氯气和水合成了有机物三氯乙酸，进一步实现了由无机单质出发的有机物的人工合成。

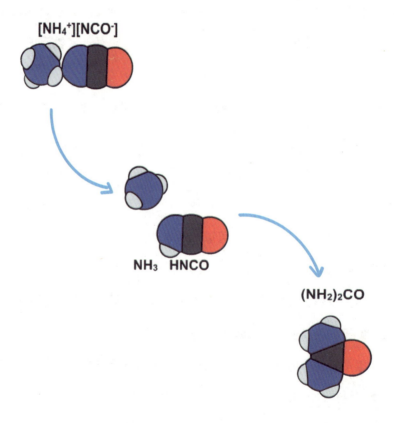

尿素合成原理

法国化学家贝特罗对此也产生了浓厚的兴趣，他深信"有可能在试管中"合成有机物，他的新想法不断涌现。在实验室中，他先后成功地合成了甲酸、乙炔、乙烯、乙烷等。贝特罗利用无机物合成大量的有机物的事实给了"生命力学说"致命的一击。至此，人们彻底摆脱了"生命力学说"的束缚，那道横在无机物和有机物之间的人为鸿沟也得以跨越，贝采尼乌斯也被深深折服了，他感慨万分地说："谁在合成尿素的工作中奠下自己永垂不朽的基石，谁就有希望借此走上登峰造极的道路，维勒因此博得了不朽的名誉。" 人工合成尿素的发现，不仅宣告了"生命力学说"的破产，打破了无机物和有机物之间的绝对界限，解放了人们的思想，更重要的是它推动了化学结构理论的发展，开辟了化学史上的一个新时代——有机合成时代，这在科学史上具有重要意义。

凯库勒

"梦"到苯环结构的人

凯库勒

"梦"到苯环结构的人

"我坐下来写我的教科书，但工作没有进展，我的思想开小差了。我把椅子转向炉火，打起瞌睡来了。原子又在我眼前跳跃起来，这时较小的基团谦逊地退到后面。我的思想因这类幻觉的不断出现变得更敏锐了，能分辨出多种形状的大结构，也能分辨出有时紧密地靠在一起的长行分子，它围绕、旋转，像蛇一样地动着。看！那是什么？有一条蛇咬住了自己的尾巴，这个形状虚幻地在我的眼前旋转着。像是电光一闪，我醒了。我花了这一夜的剩余时间，作出了这个假想。"

这是凯库勒对他的一个梦的自述，正是这个梦让他忽然有了科学的灵感：苯可能就是这样的一个环状结构。他兴冲冲地在纸上记下了梦中看到的环状结构。受梦的启示，又经过进一步的推敲，凯库勒终于画出了一个无双键的六边形来表示苯的结构。

凯库勒发现苯分子结构，虽然带有传奇般的色彩，但是，他的"一梦成功"是他长期研究的结晶，是知识积累的突变，决不是一时的侥幸。由于他善于独立思考，平时总是冥思苦想有关原子、分子以及结构等问题，

才会梦其所思；更重要的是，他懂得化合价的真正含义，善于捕捉直观影像；加之以事实为依据，以严肃的科学态度进行多方面的分析和探讨，这一切都为他的成功奠定了基础。

　　苯环结构的发现是有机化学发展史上的一块里程碑，它不仅为建立有机化学结构理论奠定了基础，也促进了有机化学工业的蓬勃发展。凯库勒也因此获得了人们的高度赞扬和评价，被称为"近代化学结构论之父"。

　　凯库勒于 1829 年 9 月 7 日出生在德国的达姆斯塔德。他在中学读书时，学习十分刻苦，成绩突出，除德语外，还精通英语、意大利语和拉丁语；他对绘画和制图也很感兴趣，并表现出惊人的天赋，他所设计的三幢楼房收获了达姆斯塔德市民的赞叹。凯库勒非常喜欢钻研自然科

凯库勒

1829—1896 年
德国化学家

学方面的问题，他思想深刻且新颖，深得老师和同学们的喜爱。父母希望他学习建筑，将来成为一名建筑师，他于1847年考入黑森工业大学学习建筑学。他口齿伶俐，谈吐风趣，具有演讲才能，并且善于有策略地提出重要建议，因此很快便成为人们关注的活跃人物。

凯库勒原本对化学并无特殊爱好，但听了当时吉森大学颇受人敬佩的化学家——李比希教授的讲课后，他很快便被这门奇妙的具有强大生命力的学科所吸引。于是，他立志研究化学。几经周折，凯库勒于1849年秋季来到李比希实验室从事化学研究工作。他表现出色，深得李比希的赏识，在李比希的指导下，半途改行的凯库勒走上了研究化学的道路。

和其他许多化学家一样，凯库勒也被苯的结构之谜深深地吸引。但他没有急于作出判断，而是把谨慎的实验和正确的思考紧密地结合起来。他详细地做了苯的各种实验，掌握了苯的各种性质。为了对苯的性质作出科学的理论说明，他苦苦地思索着苯的结构。这时，他在青少年时代就已表现出来的很强的立体形象思维能力帮了他的大忙。他对空间结构有着惊人的想象力，闭着眼睛，他就能想象出各种分子的立体模型。

凯库勒整日陶醉于由碳原子和氢原子组成的王国中，就像一名建筑师，在脑海中搭建着它们的结构。苯分子内部有6个碳原子和6个氢原子。按照原子价来说，碳是+4价，氢是-1价，并且碳和碳可以结合成链。在这两个前提条件下，从当时已知的有机化合物的结构来组合碳和氢，无论如何变化碳和氢的连接方式，也不能解释苯的那些超乎寻常的性质。他一次又一次地勾画着苯的结构式，想象着一个分子经改变其中的一个或几个原子的位置后奇妙地变成另一个分子的画面。他把他的建筑学知识渗透到研究工作中，设想了几十种6个碳原子和6个氢原子可能的排

列方式，但都不是令人满意的结构，经不起进一步的推敲和实验。

凯库勒从小就养成了坚韧不拔的进取精神，在科学研究上更是坚持到底。面对这个复杂的问题，凯库勒顽强地向前摸索着。

直到 1865 年圣诞节后的一天，凯库勒因为长期研究苯分子结构感到极度的疲劳，而进入梦乡……一个神奇的梦境给了他灵感，让他受到了启发，画出了一个无双键的六边形来表示苯的结构。

凯库勒拥有勇于探索和不断开拓的精神，他既虚心向前人学习，又不墨守成规。1877 年，他在就任波恩大学校长的演讲中说："化学也与所有知识领域一样，迷信权威的日子已不复存在。假如一个人思想已变得陈腐，并企图用自己的教条来阻止科学的前进，那他将会被一些热情的青年——他们代表着未来——将那些不合理的障碍物清除。"接着他又提醒人们注意："当一些热情的青年人以大胆的奇想作为科学的假设时，总会有一些生性保守或有多年经验的人感到有必要加以干涉，以起到一种调节作用。"他留给后人的宝贵经验是，要想成为探险家，一定要学习前人留下的原始记录，不过这种学习绝不能停留在字面上。只有那些熟谙其中细微和不为人所注意之处的人们，只有那些沿着前人走过的道路并密切注意他们踏过的每一个足迹、每一根折断的枝干和落叶的人们，才能在前人到过的最前沿看出下一步应该怎样走，才能知道哪里是应该选取的可靠落脚点。

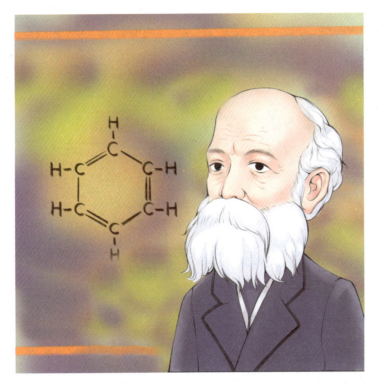

凯库勒与苯环

多罗西

青霉素结构的发现者

多罗西

青霉素结构的发现者

多罗西对晶体产生兴趣是她 10 岁那年，在一所私立学校的实验室里，她第一次看到了凝聚成的美丽的结晶体。这些美丽的结晶体被称作"矿物王国之花"。这些"花"具有整齐的几何形状，在各平面间形成具有特征的角度，且具有特别的对称性。多罗西惊讶于这种明显的规则性，以至于第一眼见到它们时便产生了强烈的好奇。

第二年，多罗西进入一所名叫约翰·莱曼的公立学校就读。她最感兴趣的是化学，所幸的是学校的老师也及时发现了多罗西的兴趣。约翰·莱曼学校有个化学小组，但那是男生的天下，自它成立的那一天起就没接受过女生。多罗西在化学上表现出来的浓厚兴趣和出色成绩促使学校做出了一项不同寻常的决定：允许她和另一名女生加入化学小组。这使小多罗西深受鼓舞，并且也使她在私立学校对化学萌发的兴趣得到进一步地发展。

多罗西 13 岁时，一直关心孩子们成长的父母认为有必要让孩子们看看他们工作的地方，开开眼界，增长见识，并且还可以增进父母与孩子们之间的感情。得知父母的想法以后，多罗西别提有多高兴了。她是在

非洲出生的，儿时的印象虽然已经模糊，但她内心一直对那片土地充满了好感。在焦灼的渴盼中，她终于和妹妹一起来到曾经生活过的苏丹喀土穆。

在喀土穆的两个学期，多罗西的学习是非正规的，父亲的一位数学家朋友经常到她家来玩儿，顺便教她一些数学知识；母亲则经常带她和妹妹到威尔卡姆实验室拜访一些朋友，多罗西与其中一个叫约瑟夫的土壤化学家成了好朋友。为了招待这两位从英格兰来的小客人，约瑟夫博士将几粒小金子埋到一堆沙子里，然后给她们演示如何淘金，这引起了姐妹俩极大的兴趣。到家后，她们就在屋子旁边的一条小溪里做真正的淘金实验，她们没发现金子，却发现了一种黑色的发亮物质。多罗西很好奇，就把这种物质拿到威尔卡姆实验室，请求约瑟夫博士让她进行检验。

多罗西

1910—1994 年
英国化学家

约瑟夫博士被这个小姑娘的求知精神深深地感动了，他不但陪多罗西一起检验出了那块矿石的成分，而且还送给她一个装满试剂及矿石的考察队员专用盒。

尽管多罗西在喀土穆没有受到正规的学校教育，但她在这里获得的知识是一笔无形的财富。1924 年，多罗西带着她的"财富"回到了英国，同时带回来的还有约瑟夫博士送给她的那个珍贵的盒子。这个小盒子从此成了她的小型实验室，它不仅让没有父母陪伴的小多罗西度过了许多快乐的时光，而且使她有了初步的晶体实验基础。

多罗西第一次接触 X 射线结晶学是 1925 年 5 月 12 日，那天是她的 15 周岁生日，母亲送给她一本名为《关于事物的本质》的儿童读物，这是 1915 年的诺贝尔物理学奖得主——利用 X 射线研究晶体结构的首创者老布拉格专门为儿童编写的。老布拉格在书中写道："广义地说，X 射线的发现将我们的视觉灵敏度增加了一万多倍，使我们现在能看见单个的原子和分子。"多么神奇呀，简直像童话一般。这使多罗西不禁萌发出一睹神秘的原子和分子的强烈愿望。

多罗西终其一生要走的路就这么决定了。神秘的"矿物王国之花"似乎在冥冥之中向她招手，使她产生了一种急于撩开它美丽的面纱一睹其面目的冲动。

多罗西最早开始结晶学研究是在牛津萨默维尔学院学习期间，毕业后她跟随英国结晶学家、剑桥大学教授贝纳尔做了两年研究。在这期间，她的双手突然开始发炎、疼痛，被医生诊断为类风湿性关节炎，糟糕的是当时人们还没有找到应对这种疾病的有效治疗方式。从那以后，这可恶的疾病到底给多罗西的生活和工作带来了多大痛苦，恐怕只有她自己

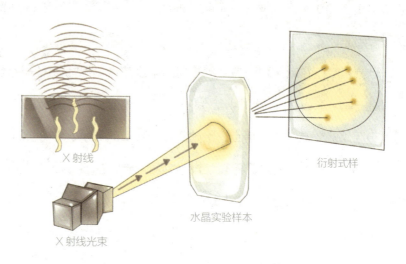

（无线电信号的）干扰

X射线

X射线光束

水晶实验样本

衍射式样

X射线研究晶体结构原理

最清楚，但坚强乐观的她从未在别人面前流露过一丝一毫。凡是见过多罗西的人都不难想象她到底忍受了多大的痛苦：她的手已经完全变形，手指根本不能伸直，她的脚也成了跛足。多罗西正是用这双严重残疾的手为人类揭示出一个又一个美丽晶体的原子结构，从维生素B3、维生素D、性激素、胃蛋白酶到青霉素、维生素B1、胰岛素等。令人不可思议的是，这些晶体竟像被施了魔法似的听任多罗西的摆布，在多罗西的手中被灵活地摆弄，从未失手过。这真是一双神奇的手！

是什么赋予了她的双手如此神奇的能力呢？是爱，是她心中那份对研究事业的执着的爱；是毅力，是她面对生理残疾时永不屈服的毅力。爱与毅力使她的双手拥有正常人的双手所不能比拟的超乎寻常的能力。正是这双手，将多罗西推上了人人敬慕的诺贝尔奖坛（题外话：多罗西是穿着中国旗袍登上领奖台的），使她成为"矿物王国"中最美的一朵花；也正是这双手，将人们推进了结晶学的新时代，取得了 X 射线结晶技术和分析方法上前所未有的伟大进步。

玛丽·居里

两获诺贝尔奖的女性

玛丽·居里

两获诺贝尔奖的女性

　　这是华沙弗雷塔大街 16 号，一栋普通的巴洛克式三层公寓楼，墙体使用的是咖啡色和粉色相间的装饰，其二楼的中间有一个小阳台。1867年，在这个简陋的住宅中，一个名叫玛丽的波兰小姑娘诞生了。大家都不会想到，在这样一个普通的日子、在这样一个普通的家庭里诞生的女孩将会成为两次诺贝尔奖的获得者。

华沙弗雷塔大街 16 号，居里夫人故居一角

这个叫玛丽的姑娘就是后来的居里夫人。

玛丽自幼丧母，家境贫困。但是，艰难的生活环境丝毫没有动摇姐弟几个刻苦学习、奋发上进的精神。高中毕业时，他们都得到了金质奖章。为了支持姐姐到巴黎学医，玛丽当了六年家庭教师。1891年，玛丽进入了巴黎大学俊朋学院学习。1893年，她以第一名的成绩毕业于巴黎大学，并先后取得物理学和数学硕士学位。1894年初，玛丽接受了一项科研项目。正是在完成这个科研项目的过程中，玛丽遇见了皮埃尔·居里。对科学的热爱、对真理的共同探求，使他们彼此深深吸引并相爱。1895年，这一对志趣相投、相互敬慕的科学家结成了终身伴侣。繁忙的家务及照顾1897年出生的女儿的重担并没有阻碍这对热爱科学的夫妇在科学上继续前进的脚步，特别是玛丽，一直坚持着学习和科研。

玛丽·居里

1867—1934年
法国化学家

1896 年法国物理学家贝克勒尔发现铀盐会自发地发射出类似 X 射线的射线，他发表的工作报告详细地介绍了这一发现。这使居里夫人对此产生了极大的兴趣，她对铀及其化合物能自动地、连续地放出一种肉眼看不见的射线并向外辐射能量感到非常好奇。这些能量来自什么地方？这种与众不同的射线的性质又是什么？居里夫人决心揭开它的秘密。1897 年，居里夫人选定了自己的研究课题——对放射性物质的研究。这个研究课题，把她带进了科学的未知领域。因为玛丽的研究工作太重要了，所以皮埃尔决定暂时停止他在晶体方面的研究，协助妻子共同研究。皮埃尔的加入对于玛丽来说无疑是一个极大的鼓励。从此，在那间潮湿的实验室里，两个人从早到晚忙碌着。居里夫妇用验电器检验了当时 80 种已知元素的化合物，发现钍元素的化合物也有放射性，铀化合物比纯铀有更强的放射性，从而推断其中必有一种比铀更强的新放射性元素的存在。1898 年，居里夫妇从沥青矿中首先分离到门捷列夫设想的"类碲"元素，居里夫人为纪念她的祖国波兰而将其命名为钋。他们再接再厉，处理了数十吨沥青矿残渣，历时 4 年，终于提取到 0.1 克氯化镭，并确定镭是一种新元素。

居里夫人所开创的、用放射性进行化学分离与分析的方法奠定了放射性化学的基础。1903 年她以《放射性物质的研究》论文获得博士学位。同年，居里夫妇与贝克勒耳共同获得了诺贝尔物理学奖。每当居里夫人回忆起这段生活，她认为这是"他们夫妇一生中最有意义的年代"。1906 年丈夫皮埃尔不幸出了车祸，这对居里夫人来说无疑是一个沉重的打击。但她并未一味沉浸在悲恸中，而是一直投身于科研中，她被提升为教授，成为了巴黎大学理学院第一位女教授。1910 年她的重要著作《放

射性》一书出版。同年她在德比埃的协作下，提炼出金属态的纯粹的镭。1911年，由于发现了钋和镭并提炼出了纯镭，她获得诺贝尔化学奖，成为第一个两次获得诺贝尔奖的人，并且是至今获得这种殊荣的唯一女性。

居里夫人成名后，铺天盖地的新荣誉、新头衔向她扑来，但她却说："在科学上，我们应该注意事，不应该注意人。"她一生共获得10项奖金，16种奖章，107个荣誉头衔，但是她并不在意这些殊荣。有一天，她的一位朋友来她家做客，忽然看见她的小女儿正在玩英国皇家学会刚刚颁发给她的金质奖章，朋友很惊讶地说："居里夫人，得到一枚英国皇家学会的奖章，是极高的荣誉，你怎么能给孩子玩呢？"居里夫人很淡然地笑了笑，说："我是想让孩子从小就知道，荣誉就像玩具，只能玩玩而已，绝不能看得太重，否则将一事无成。"

几十年来，居里夫人由于长期从事放射性物质的研究工作，恶劣的实验环境和对身体保护得不够严格，她时常受到放射性元素的侵袭，血液受到了破坏，患上了白血病。此外她还患有肺病、眼病、胆病、肾病，甚至患过神经错乱症。可是在居里夫人看来，科学研究要比她本身的健康更重要。她曾为了能参加世界物理学大会，请求医生延期施行她的肾脏手术；她曾带病回国参加镭研究所的开幕典礼；她曾忍受着眼睛失明的恐惧，顽强地进行科学研究。直到她生命的最后一息，由于恶性贫血、高烧不退，躺在床上的时候，她仍然要求她的女儿向她报告实验室里的工作情况，替她校对她写的《放射性》著作。1934年7月4日，居里夫人病逝，死于恶性贫血症。她一生创造、发展了放射科学，长期无畏地研究强烈放射性物质，直至最后把生命贡献给了这门科学。

玛丽·居里是一位端庄坚毅的女学者，她创造了教科书里的新名词"放射线"，变成物理学的一个新的计量单位"居里"，变成一条条科学定律，她成为了科学史上一块永远的里程碑。伟大的科学家爱因斯坦这样评价她："在所有的世界著名人物中，玛丽·居里是唯一没有被盛名宠坏的人。""她的极端的谦虚，永远不给自满留下任何余地。"这是1935年11月23日爱因斯坦在纽约罗里奇博物馆举行的居里夫人悼念会上发表的演讲。他没有复述居里夫人在科学事业上所取得的伟大业绩，而是盛赞居里夫人的伟大人格所产生的重要影响。正如居里夫人所说："我认为我们应该在一种理想主义中去寻找精神力量，这种理想主义使我们不骄傲，而能使我们令我们的希望和梦想达到高尚的境界。"

达德利·赫施巴赫

从微观看化学反应的人

达德利·赫施巴赫

从微观看化学反应的人

　　一个晴朗无云的夜晚，美国加利福尼亚州圣何塞城郊外的溪谷中，黑黝黝的山影背衬着繁星似锦的夜空，白天色彩斑斓的树木、鲜花、果实都隐没在浓重的夜幕之中，四周一片漆黑寂静，只有零落地分散在山坡上的几座农家窗户里透出微弱的灯光。这时，一位妇女从山坡上的一间农舍中走出来，她在焦急地寻找着什么，但似乎什么也没有发现。于是，她高声呼喊：“伊伯特，伊伯特，你在哪儿？”呼喊声在幽静的山谷中回荡，惊起了不远处树上的几只飞鸟，它们拍打着翅膀，四处乱飞。这时，从树上传来了一个声音：“妈妈，我在这儿呢。”话音刚落，从门前的一棵大树上跳下来一个十多岁的男孩。

　　母亲疼爱地拍打着儿子身上的尘土，用几分责怪的口吻说道：“这么晚了，你爬到树上干什么？”“我在树上看星星呢。”说着，男孩用手指着北方的天空：“妈妈，您看，那颗明亮的星星是北极星。在它右面组合像个大勺子的7颗星是大熊星座，在它左面的5颗星是仙女座，北极星总在那里一动不动，而‘大熊’和‘仙女’却总是围着它慢慢地转。”

　　“是吗？那真有意思。”母亲听到儿子的回答放心了，儿子爬树并不是因为淘气和贪玩，但她还是叮嘱道："晚上爬树可要小心，别摔着。别看得太晚了，明天还要上学呢。"

天文星座图

这个男孩名叫达德利·赫施巴赫。赫施巴赫总说自己出生于一个农民家庭，但其实从他的祖父一代起，赫施巴赫家族就在经营农业的同时，还在城里从事建筑业。在赫施巴赫出生前，在美国爆发了一场波及全球的经济大危机，使加利福尼亚的建筑业全面进入萧条时期，一家人主要靠乡下的果园和承接零散的木工活来维持生计。

赫施巴赫兄弟姐妹六人，父亲成天忙于生计，母亲整日操持家务，他们根本无暇顾及对孩子们进行科学的启蒙教育。虽然父母没有受过多少教育，但他们希望孩子成为一个有知识的人。于是，父母仍挤出钱来，为小赫施巴赫买了一套有许多精美插图的《儿童百科全书》，当时的家境能有这么一套内容丰富的书，真是太难得了。小赫施巴赫立刻贪婪地阅读起来，爱不释手。书中有那么多有趣的故事和知识，书使他了解了山谷以外的大千世界。从此，他有了读书的嗜好。

小赫施巴赫最喜欢到奶奶家去玩儿，因为奶奶家订有一本叫做《国家地理》的杂志。这本非常著名的杂志是由美国国家地理协会主办的，创刊于 1888 年，是一本不仅在美国，而且在许多国家都有重要影响的科普杂志。它虽然名为《国家地理》，但杂志中的内容并不局限于美国，也不局限于地理学，它有许多关于世界各地的动物、植物、风土人情和自然科学、高新技术等方面的内容，而且配有大量漂亮的照片和插图，每一期都让小赫施巴赫兴趣盎然。在他 11 岁那年，新出版的一期杂志是关于天文学的特辑。金色的太阳、蓝色的地球、白色的月球、红色的火星和黄色的土星……那一张张五颜六色的画面、那一个个遥远而又神秘的星球，一下子就抓住了小赫施巴赫的心。看到孙子如此喜爱这本杂志，奶奶就将它作为礼物送给了小赫施巴赫。小赫施巴赫总把这本杂志带在身边，一有空就翻看。五十多年后，在已是著名科学家的赫施巴赫的书房里，在书架上琳琅满目的科学著作之中，仍可以找到这本纸张已经发黄了的杂志。

正是这本《国家地理》杂志，使赫施巴赫对科学产生了浓厚的兴趣。他从杂志里知道了北极星、仙女星座和大熊星座，他要用自己的眼睛从夜空中辨认出这些星辰，所以才在夜晚爬到院子里的树上去。母亲当时不可能想到，儿子的科学道路就是从这树上开始的。

赫施巴赫模仿杂志上星图的样子，把自己看到的星辰画下来。这是他的处女作，是他的第一件科学作品。他不是一味地模仿杂志上的星图，而是根据自己亲眼观察的星空进行绘制。他观察和绘制得十分认真，俨然一个小天文学家。在绘制这幅星图的过程中，他的心绪随着画笔在太空中遨游。在画完星图的时候，他初次体验到科学探索的乐趣和获得成功后的喜悦。而这成为他日后学习科学、追求科学，进而走上探索科学道路的最大动力。

在读大学一年级的时候，赫施巴赫产生了将当时处于物理学前沿领域的分子线束理论引入化学研究之中的念头。化学反应是不同化学物质的分子之间在相遇、碰撞时发生的，是在化学性质、成分、结构上的变化过程。由于化学反应的种类各异，所以观察起来很困难。一般的做法是将含有许多分子的化学物质放入同一个容器内进行观察和研究，但这种做法无法提取和观察到单个分子的变化。在大学一年级的一次物理课上，教授向同学们介绍了分子线束理论。赫施巴赫产生了一个想法：能不能把这一理论引进到化学研究的领域，使分子在真空相遇碰撞并产生化学反应，从而开发出一种能够观察到单个分子反应的方法呢？这样就有可能从分子、原子的微观层面揭开化学反应过程的奥秘。他将自己的设想讲给教授和研究员们听，但也许是赫施巴赫太年轻，也许是这个大胆的想法太超前，太具挑战性了，总之，没有人愿意采纳赫施巴赫的意见。

然而，赫施巴赫并没有因为自己的设想不被权威们接受而灰心，他决心通过自己的努力来创造化学研究的新方法。为此，取得数学学士学位后，赫施巴赫攻读了化学专业研究生。获得化学硕士学位后，他又来到

达德利·赫施巴赫

1932—2010 年

美国化学家

哈佛大学攻读博士研究生，并在研究中继续完善自己的理论。获得博士学位后，他与来自中国台湾的年轻学者李远哲合作进行研究。李远哲根据赫施巴赫的研究理论，设计并建成了世界上第一台大型交叉分子束碰撞器和离子束交叉仪器，获得了多种化学反应的精确实验结果，证实了赫施巴赫的设想，并发展了他的理论。由于这项重要的研究成果，赫施巴赫与李远哲共同获得了 1986 年诺贝尔化学奖。

托马斯·切赫

核糖核酸酶的发现者

托马斯·切赫

核糖核酸酶的发现者

先有鸡，还是先有蛋？

这是一个古老的哲学问题，它困扰着人们，至今没有答案。

长期以来，在关于生命起源的问题上，也有一个类似于"先有鸡还是先有蛋"的争论焦点——标志地球上生命诞生的最早的生物高分子究竟是蛋白质，还是核糖核酸 (RNA) ？

1926 年，美国生物化学家萨姆纳第一次证明了酶是一种蛋白质，他因此荣获了 1946 年的诺贝尔化学奖。由于酶具有催化细胞分裂的功能，萨姆纳的发现使生物学家们认为：在生命最初诞生的那一刻是先有蛋白质，然后才有携带遗传信息的核糖核酸。此后，这一观点作为生物化学的一条基本定论，长期影响着生物学界的研究工作。

直到 20 世纪 80 年代初，一位年仅 30 多岁的美国化学家向这条定论，也向全世界的生物学权威们发起了挑战。他以自己的发现证明：核糖核酸同样具有像酶一样的生物催化作用。因此最早、最古老的生物高分子应当是具有携带遗传信息功能，也具有催化功能的核糖核酸分子。这位当时名不见经传的年轻人名叫托马斯·切赫。

切赫的父亲是一名医生，但医生并不是他青年时期的理想职业，他更想成为一名从事研究的科学家。就在父亲对将来的职业作出选择时，赶上了全球性经济大萧条。出于谋生的需要，父亲不得不放弃了当科学家的梦想，选择了收入比较丰厚和稳定的医生职业。但父亲并没有放弃科学研究的爱好，仍在业余时间从事植物学和气象学的研究。每当父亲在科学研究中有了一点新的发现，就会用深入浅出的语言讲给妻子和孩子们听，这一切，对小切赫产生了潜移默化的影响。在他的眼中，父亲是一个学识渊博的人。父亲谈论科学时总是眉飞色舞，那么科学一定是十分有趣的。于是，他对科学产生了强烈的好奇心。

"长大后，我要当一名科学家。"这是切赫在 14 岁时写的一篇作文中表达的愿望。当时，他的理想是当地质学家或是化学家。父亲看到这篇作文十分高兴，儿子小小年纪就有如此远大的志向，自己原有的心愿将有可能在儿子的身上实现。

托马斯·切赫

1947 年—
美国化学家

母亲特意把这篇作文保存了下来，她还珍藏着儿子青少年时期的各种有意义的物品和书。切赫成为著名科学家之后，母亲把这些珍藏了多年的东西还给了儿子。切赫看到这些自己童年时的物品，激动万分。他从中体会到了母亲的良苦用心。

化学是切赫喜爱的一门科学，他在自家的地下室里建立了一个化学实验室。在这方面，做医生的父亲为儿子提供了必要的帮助。他利用自己的专长和便利条件，为儿子购买实验用品，并解答儿子实验中所遇到的问题。儿时在家中进行的化学实验，为切赫日后的科学研究打下了良好的基础。

艾奥瓦州每年都举办一次"科学博览会"，在会上虽然也展示一些院校、科研机构和企业的科技成果，但它更是一次本地科学爱好者展示自己作品的盛会。有科技小发明、科学模型、动植物和矿石标本、未来科技发明的设想方案以及业余研究的成果等，其中尤以青少年的科技作品居多，每次博览会都会吸引众多青少年和家长前来参观。切赫 14 岁时首次参加博览会并展示了自己的作品，此后连续两年参展，并且每次都在青少年组科技作品的比赛中获奖，直到年满 16 岁不能再参加青少年组的比赛为止。

科学令切赫兴奋，给他带来了无限的乐趣，这促使他自觉地努力学习，以汲取更多的科学知识，他的学习成绩在学校总是名列前茅。切赫度过了愉快的小学和中学时代，以优异的成绩考入大学，攻读物理及化学专业。大学毕业后攻读研究生时，他转而选择分子生物学作为自己今后的研究方向，随后还取得了博士学位。

托马斯·切赫的主要研究领域是在转录过程中的细胞核，他研究如

何对脱氧核糖核酸（DNA）遗传密码转录成核糖核酸（RNA）。

1981 年至 1982 年，切赫在实验中发现：一种特殊的核糖核酸具有分裂并革新组合其自身结构的功能——"自我分裂"的过程，这是人类第一次发现核糖核酸具有酶一样的生物催化功能的实例，由此可以证明是核糖核酸导致了地球上第一个生命体的诞生。这是一个轰动世界生物学界的重大发现，它彻底推翻了以往关于生命起源的定论。尽管当时生物学界的权威们一时还难以接受这个年轻人的新观点，这却更加激发了切赫对自己的研究课题的热情。

几乎与切赫同时，远在美国耶鲁大学的加拿大分子生物学家西德尼·奥尔特曼也获得了同样的发现。这一研究成果令切赫和奥尔特曼共同荣获了 1989 年的诺贝尔化学奖。

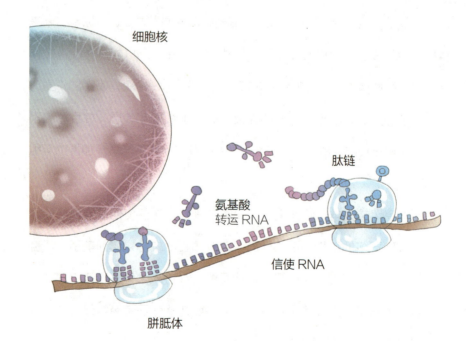

核糖核酸的自我分裂过程

葛洪

炼丹术中的化学

葛洪

炼丹术中的化学

葛洪自幼性情内向，常在家一人读书。因家中贫困，他就卖柴挣钱，再买纸抄书。因借来的书要归还，所以常抄书至深夜，他的纸会重复使用，从不浪费。

在古代，很多医药家都喜欢炼丹，葛洪也不例外。他可以说是位早期的化学家，葛洪把老庄之学充分地演化为神仙方士之术，他的思想实质上是内神仙外儒术。他的炼丹理论正是从这一思想出发的。他认为一切物质都可以变，而在诚心的要求和适当的条件下，人们可以得到仙丹和黄金。根据这一理论，葛洪在收集、研究各种药方，为民治病的同时进行了大量的炼丹实验。从这些炼丹的实验中，葛洪熟悉了许多无机物质的组成和一些比较简单的化学反应。

葛洪在炼制水银的过程中，发现了化学反应的可逆性，他指出，"丹砂烧之成水银，积变又还成丹砂"，丹砂即硫化汞，加热即分解而得到汞。汞与硫磺化合又生成黑色的硫化汞，再在密闭容器中调节温度，便升华为赤红色的结晶硫化汞。我国早在公元前几世纪就掌握了采用硫化汞制水银的方法，葛洪是最早详细记录这一反应的人。"以曾青涂铁，铁赤色如铜。"曾青大概指含硫酸铜的胆矾，以曾青涂铁即以铁和硫酸铜的溶液起作用，铁取代了硫酸铜里的铜，故表面附有一层红色的铜，因为采用涂敷的方法，所以硫酸铜只在铁表面发生作用。葛洪进而说："外变而内不化。"可见对于这一金属置换反应，葛洪是做了仔细观察的。"铅性自也，而赤之以为丹；丹性赤也，而白之以为铅。"这是说铅可以变为铅白，即碱式碳酸铅，铅白又可以变成赤色的铅丹，即四氧化三铅；铅丹则可以变还为铅白，最后回复为铅。这表明葛洪对铅的化学变化做过系列实验考察。"取雌黄、雄黄，浇下，其中铜铸以为器复之……百日此器皆生赤乳，长数分。" 雌黄与雄黄加热后均能升华。葛洪这段话描述的就是对雌黄（三硫化二砷）和雄黄（四硫化四砷）加热后升华，直接成为结晶的现象。在当时，葛洪能有这样丰富的知识是难能可贵的，

葛洪

283—363 年

中国化学家

他是我国炼丹术发展中承前启后的人物。他那富有鼓动性的文笔，替炼丹术做了宣传，他对炼丹方法的具体著述对后来的炼丹家影响很大。

除此之外，葛洪还提出了不少治疗疾病的简单药物和方剂，其中有些已被证实是特效药。如我们常见的松节油治疗关节炎，铜青（碳酸铜）治疗皮肤病，雄黄、艾叶可以消毒，密陀僧可以防腐等。雄黄中所含的砷，有较强的杀菌作用。艾叶中含有挥发性的芳香油，毒虫很怕它，所以我国民间在五月节前后燃烧艾叶驱虫。铜青能够抑制细菌的生长繁殖，所以能治皮肤病。密陀僧有消毒杀菌作用，所以用来做防腐剂。葛洪早在1500多年前就发现了这些药物的效用，为人类医学作出了很大贡献。

徐寿

中国近代化学的启蒙者

徐寿

中国近代化学的启蒙者

你知道在清朝时就有中国人在《自然》（NATURE）上发表了文章吗？

你知道清朝有人建造了中国第一艘军舰吗？

你知道中国第一个科技学校是谁创建的吗？

你知道 Li 为什么被称为"锂"，Na 为什么被称为"钠"吗？

这些都跟一个人有关，他就是徐寿。

徐寿在《自然》（NATURE）上发表的文章

1855 年新出版的《博物新编》一书，使徐寿大开眼界，他接触了世界上最新的科学知识，这本书的第一部分介绍了如氧气、氮气和其他一些化学物质的近代化学知识，还介绍了一些化学实验。这些知识引起了他的极大兴趣，他按照学习物理的方法，购买了一些实验器具和药品，根据书中记载，边实验边读书，加深了对化学知识的理解，同时还提高了进行化学实验的技巧。徐寿甚至独立设计了一些实验，体现出了他的创造能力。靠着坚持不懈地自学、实验与理论相结合的学习方法，终于使他成为远近闻名的掌握近代科学知识的学者。

同治年间，清廷要办洋务，徐寿被推举到安庆造船厂。

当时外国的轮船在中国的内河横冲直撞，可以说是横行无忌，嚣张跋扈。当时我们没有能与之抗衡的船，于是提出中国人要自己造船。据记载："寿等人试造木轮船……造器置机，皆出寿手制，不假西人，数年而成，长五十余尺，每一时能行四十余里，名之曰黄鹄。"

为了造船需要，徐寿在此期间亲自翻译了关于蒸汽机的专著《汽机发初》，这是徐寿翻译的第一本科技书籍，它标志着徐寿从事翻译工作的开始。直到 1884 年逝世，徐寿共译书 17 部，105 本，168 卷，共287 万余字。其中译著的化学书籍和工艺书籍有 13 部，反映了他的主要贡献。徐寿所译著作对当时西方近代无机化学、有机化学、定性分析、定量分析、物理化学以及化学实验仪器和方法做了比较系统的介绍。由徐寿译著的欧洲工业技术的书籍被公认为是当时最好的科技书籍。此外，徐寿在长期译书中编制的《化学材料中西名目表》《西药大成中西名目表》对我国近代化学的传播发展发挥了重要作用。

在徐寿生活的年代，我国不仅没有外文字典，甚至连阿拉伯数字也

徐寿

1818—1884 年

中国化学家

没有广泛应用。把西方的科学技术的术语用中文表达出来是项开创性的工作，做起来实在是困难重重。徐寿组织译书的初始，大多是根据西文的较新版本，由傅雅兰口述，徐寿笔译，即傅雅兰把书中原意讲出来，徐寿理解口述的内容，用适当的汉语表达出来。西方的字母文字和我国的方块汉字，在造字原则上有极大不同，几乎全部的化学术语和大部分化学元素的名称，在汉字里没有现成的名称，这可能是徐寿在译书中遇到的最大困难，为此徐寿花费了不少心血，对于金、银、铜、铁等大家已较熟悉的元素，他沿用前制，根据它们的主要性质来命名。对于其他元素，徐寿巧妙地应用了取西文第一音节造新字的原则来命名，例如钠、钾、钙、镍等。徐寿采用的这种命名方法，后来被我国化学界接受，一直沿用至今。

　　为了传授科学技术知识，徐寿和傅雅兰等人于 1875 年在上海创建了格致书院。这是我国第一所教授科学技术知识的场所。它于 1876 年正式开院，1879 年正式招收学生，开设矿物、电务、测绘、工程、汽机、制造等课目。同时定期地举办科学讲座，讲课时配有实验表演，以达到较好的教学效果，为我国兴办近代科学教育起了很好的示范作用。在格致书院开办的同年，徐寿等创办发行了我国第一种科学技术期刊——《格致汇编》。刊物出版了 7 年，介绍了不少西方科学技术知识，对近代科学技术在中国的传播起了重要作用。

　　在晚年，徐寿仍将自己的全部心血倾注于译书、科学教育及科学宣传普及事业上。徐寿一生为人诚实质朴，热爱科学，在清朝科举时代，他能抛弃功名致力于化学事业，以至"布衣而终"实在是难能可贵。纵观他的一生，不图科举功名，不求高官厚禄，勤勤恳恳地致力于引进和传播国外先进的科学技术，对近代科学技术在我国的发展作出了不朽的贡献，不愧为中国近代化学的启蒙者。

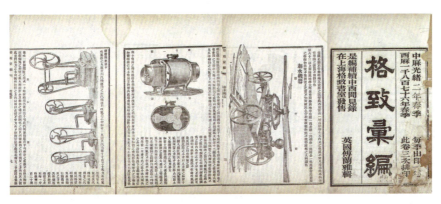

徐寿创办的我国第一种科学技术期刊——《格致汇编》

侯德榜

侯氏制碱法的创造者

侯德榜

侯氏制碱法的创造者

碳酸钠是重要的化工原料之一，广泛应用于轻工日化、建材、化学工业、食品工业、冶金、纺织、石油、国防、医药等领域。它首先用作制造其他化学品的原料、清洗剂、洗涤剂，也用于照相技术和分析领域。玻璃工业是纯碱的最大消费部门，每吨玻璃消耗纯碱0.2吨。在工业用纯碱中，主要是轻工、建材、化学工业，约占2/3；其次是冶金、纺织、石油、国防、医药及其他工业。

可以说碳酸钠是现代工业的基础之一。制碱工业则是一个国家工业是否发达的重要标志之一。

我国化学工业起步较晚，20世纪初期，我国还没有自己的制碱企业，而正式打下现代化工的基础，也不过是近几十年的事。在这一历史进程中，有一位民族化学工业的先驱是一定不会被人们忘记的，他就是侯德榜。

在闽江江畔，一个小学堂正在上课。窗外总是趴着一个嘟嘟脸的小男孩，这个小男孩就是侯德榜。教书先生喜爱这个孩子，免费教他读书。1904年，有了一定学习基础的侯德榜受姑姑资助考进了英国办的教会学校——英华书院。在学校里，他学习成绩总是名列前茅，尤其对数理化有

侯德榜

1890-1974 年
中国化学家

特殊的兴趣。1911 年，侯德榜报考清华留美预备学堂，并以优异的成绩被录取。那时，在清华上学的大多是那个年代家境富裕的孩子，他们都瞧不起这个衣着朴素、说话又听不太懂的南方小伙子。不料在第一学期的期末考试中，这个其貌不扬的南方小伙子却让他们大吃一惊：10 门课，他都得了满分！仅仅一年时间，他就完成了别人需要 3~5 年的时间完成的事情，成为了一名赴美留学生。从 1913 年起到 1921 年止，他先后在美国麻省理工学院、柏拉图学院、哥伦比亚大学进行学习、深造，先后获学士、硕士、博士学位。学习期间，他与化学工程结下了不解之缘，理论和实践两方面都打下了扎实的基础。

侯德榜收到了爱国实业家范旭东的聘请，学成之后回国效力，范旭东是中国近代史上最早的化工实业家之一。他 1914 年开始兴办"久大盐业公司"，是中国民族化学工业的开拓者。1919 年，鉴于中国尚无自己的制碱工业，他便着手在天津创办"永利碱厂"。

当时在制碱业里，占领中国市场的主要是英国货。在第一次世界大战期间，因交通不便，导致碱的价格居高不下。范旭东想办碱厂的想法与侯德榜不谋而合，因此侯德榜马上接受聘请，匆匆回国，就任了永利碱厂总工程师。从此，两人亲密合作 20 余年，为中国化工的发展立下了汗马功劳。侯德榜一到碱厂，立即投入到紧张的工作中。从整个工艺流程的设计，到土建施工，再到设备安装，他事必躬亲，严格把关。他每天都穿着工作服，在工地上解决着一个个技术难题。侯德榜深知，试运行不会一帆风顺。在一系列的问题面前侯德榜没有灰心，他仔细观察研究，听取一线工人的意见。凭着自己深厚的功底，迅速找到了问题出现的原因和解决的办法。就这样，问题不断出现，又不断被解决，有的调整，有的重新设计，有的改建，渐渐地，整个设备运转趋于正常了。1924 年，雪白的纯碱终于生产出来了！"索尔维制碱法"的技术垄断，被中国人打破了！ 1926 年 6 月，中国人生产的红三角牌纯碱，在美国费城万国博览会上获得了金奖，被誉为中国近代工业进步的象征。

一个国家的化学工业，只有碱厂而无酸厂，就好比是少了一条腿。酸同样是化学工业的基本产品，是其他诸多工业的基本原料。在这一点上，范旭东与侯德榜又都想到了一块儿。于是他们又开始筹建酸厂，而侯德榜无疑是整个工程技术的总负责人。这时的形势，已不是几年前建碱厂的情况了。侯德榜碰到的，已不是技术封锁，而是国际上争相出卖技术和设备。怎样以最小的代价，在眼花缭乱的竞卖中选择引进最合适的设备，

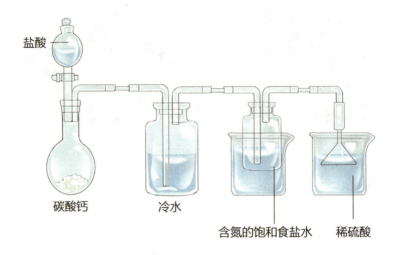

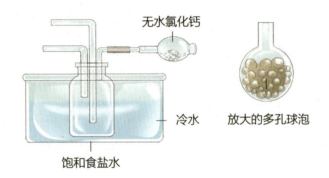

侯德榜制碱法装置图

是他要解决的最大问题。侯德榜组织了一个精干的技术班子赴美国考察、采购和学习。在此期间，他们购到了先进的制酸设备，以中国人特有的忍耐力，通过软磨硬泡的办法，学到了制酸的关键技术。在短短的两年里，他和同事们克服了各种难以想象的困难，终于使硫酸厂、硝酸厂、铵厂及硫酸铵厂相继投产。一个以制酸为中心的大型化工企业，耸立在长江之畔。

就在侯德榜的事业快要如日中天之时，日本帝国主义的全面侵华战争开始了。自从侯德榜打破了外国的技术封锁，并在 1932 年发表了《制碱工业》一书之后，他就成了中外化工界的知名人物。日本人当然了解他的价值，于是通过各种手段，想与他合作。侯德榜宁肯毁掉厂子也不与日本人合作！他同许多有骨气的实业家、工程技术人员一样，决心拆迁工厂到大后方四川另起炉灶。此时，侯德榜得到一个消息：德国人发明了一种新的制碱方法，它能使食盐的转化率高达 95%，与"索尔维制碱法"相比提高了 20%。而且它不会排出氯化钙这种废物，反而能生产出一种化肥——氯化铵。不过，此法即使在德国，技术也不太成熟，因此只能断断续续生产。这时的侯德榜已是一个非常成熟的化工专家了，从理论上说，新方法并不神秘，关键是研发出新的生产工艺。这不仅是理论问题，更重要的是实践。而在实践中研发创新，正是侯德榜的拿手戏。从 1939 年开始，在侯德榜指导下，他们首先在物质条件较好的香港开置实验室。一年之内，试验 500 多次，分析了 2000 多个样品，使新工艺流程首先在实验室内逐渐成熟起来。紧接着，分别在纽约、上海的外国租界进行扩大试验。到 1940 年，整个生产工艺全部通过试验完成，并于 1942 年夏发表第二版《制碱工业》，向世人宣告"侯氏制碱法"即联合制碱法的诞生。

卢嘉锡

"毛估大师"

卢嘉锡

"毛估大师"

　　小行星是目前各类天体中唯一可以根据发现者意愿进行提名，并经国际组织审核批准从而得到国际公认的天体。由于小行星命名的严肃性、唯一性和永久不可更改性，使得能够获得小行星命名成为世界公认的一项殊荣。

　　我国共有100多颗由中国杰出人物、中国地名和中国的著名单位命名的小行星。这其中就有我国杰出的化学家卢嘉锡。发现于1966年1月30日的小行星3844号，便是以他的名字命名的，以表彰他在物理化学、结构化学和晶体材料科学上作出的重大贡献。

　　卢嘉锡在15岁时便升入厦门大学本科。一开始，卢嘉锡选择主修数学，辅修化学，但化学系的老师发现了卢嘉锡的化学天赋，加上时任厦门大学理学院院长兼化学系主任的张资珙教授的影响，卢嘉锡便改为主修化学，辅修数学。在本科阶段的4年中，他一直都是陈嘉庚奖学金的获得者。1934年，19岁的卢嘉锡以优异成绩毕业于厦门大学化学系，辅修数学的学分也同时达到主修的要求，实际上成了"双学士"。

卢嘉锡

1915-2001
中国化学家

　　1937年3月，卢嘉锡取得了第五届中英庚款公费留学的资格。8月17日，还不满22岁的他从上海出发，远涉重洋奔赴伦敦，师从英国皇家学会院士、伦敦大学化学系教授萨格登，进行人工放射性研究。由于卢嘉锡在国内学习期间打下了坚实的基础，他在萨格登教授指导下，在留学阶段就发表了4篇放射性化学的研究论文。1939年，年仅24岁的卢嘉锡获得了伦敦大学的博士学位。在导师萨格登教授的指点和推荐下，卢嘉锡赴美国加州理工学院，来到当时很有名气的结构化学家鲍林教授的身边。毫无疑问，探索物质和微观结构奥秘，正是这位不满24岁就获得伦敦大学博士学位的中国青年学者最感兴趣的课题。

　　结构化学是一门在分子、原子层面上研究物质的微观结构及其与宏观性之间相互关系的新兴学科，不过当时的研究手段还处在初级阶段，通常，科学家们需要花费很大的力气才能弄清楚某一物质的分子结构。卢嘉锡注意到，鲍林教授具有一种独特的化学直观能力：只要给出某种物质的化学式，他往往就能通过"毛估"大体上想象出这种物质的分子结构模型。鲍林教授所表现出来的非凡才能令他的学生钦佩，但卢嘉锡并没有使自己仅仅停留在崇拜者的位置上。

鲍林教授靠的是一种"毛估"，我为什么就不能呢？在反复揣摩之后，卢嘉锡领悟到：科学上的"毛估"需要有非凡的想象力，而这种想象力只能产生于那些拥有扎实的基础理论知识和丰富的科研实践经验、训练有素而且善于把握事物本质和内在规律的头脑，于是，他更加勤奋刻苦，孜孜以求。

"毛估"是上海方言，常用于口头，意思是大概估计、估算一下。就像卢嘉锡自己说的那样："科学家不是'算命先生'，不能'预言'自己的研究结果，但茫无目标地'寻寻觅觅'也是科学工作者的大忌。进行科学研究时，我一向比较重视对最终结果的预测，以便从总体上更好地把握研究方向。我习惯于把这种预测叫做'毛估'，而且时常这样告诫自己的学生和科研人员：'毛估'比不估好！"

1945年卢嘉锡回国后，在厦门大学化学系主持工作，致力于培养人才，又为高校物质结构课程师资和结构化学研究生的培养，作出了重大的贡献。

1973年，国际学术界对固氮酶"活性中心"结构问题的研究还处在朦胧状态，当时的科学积累距离解开固氮酶晶体结构之谜还有相当长的一段路程。然而正是在这个时候，卢嘉锡在组织开展一系列实验研究的基础上，就提出了固氮酶"活性中心"的原子簇模型，也就是人们所说

的"福州模型"。它的样子像网兜，因而又被称之为"网兜模型"（后来又发展出"孪合双网兜"模型）。四年以后，国外才陆续提出原子簇模型。

时至 1992 年，实际的固氮酶基本结构终于由美国人测定出来，先前各国学者所提出的种种设想都与这种实际测定的结构不尽相符。猜想与事实之间总是有些距离的，然而作为世界上最早提出的结构方面基本模型之一——19 年前卢嘉锡提出的模型，在"网兜状"结构方面基本上近似地反映了固氮酶"活性中心"所具有的重要本质，他的"毛估"本领不得不让人由衷叹服。